- 高职院校"三融三进三课堂"文化育人体系研究与实践项目成果系列教材
- 职业教育国家级教学成果一等奖获奖项目系列成果之一

孔孟之乡圣贤名匠

主　编　蒋　华　侯庆娟　赵丽萍
副主编　阚晶晶　刘　凯　付朝霞
参　编　张　猛　张红艳

北京理工大学出版社
BEIJING INSTITUTE OF TECHNOLOGY PRESS

内 容 简 介

本书介绍了孔孟之乡具有代表性的14位圣贤名匠：至圣孔子、亚圣孟子、复圣颜子、宗圣曾子、述圣子思、学圣荀子、圣相管仲、兵圣孙武、科圣墨翟、医圣扁鹊、智圣诸葛亮、书圣王羲之、农圣贾思勰和艺圣鲁班。每一位圣贤名匠分别从其生平、主要成就和相关的名言典故进行编写，同时，在每一项目的后面加入了教学活动设计，便于教师和学生进行理实一体化的教与学。

本书适用于专科（高职）层次中华传统文化相关学科的教学，也可作为传统文化爱好者的参考用书。

版权专有　侵权必究

图书在版编目（CIP）数据

孔孟之乡圣贤名匠 / 蒋华，侯庆娟，赵丽萍主编. —北京：北京理工大学出版社，2023.7重印

ISBN 978-7-5682-5933-0

Ⅰ.①孔… Ⅱ.①蒋…②侯…③赵… Ⅲ.①历史人物—列传—中国—古代 Ⅳ.①K820.2

中国版本图书馆CIP数据核字（2018）第166692号

出版发行 / 北京理工大学出版社有限责任公司
社　　址 / 北京市丰台区四合庄路6号院3号楼
邮　　编 / 100070
电　　话 / （010）68914775（总编室）
　　　　　（010）82562903（教材售后服务热线）
　　　　　（010）68944723（其他图书服务热线）
网　　址 / http://www.bitpress.com.cn
经　　销 / 全国各地新华书店
印　　刷 / 河北鑫彩博图印刷有限公司
开　　本 / 710mm×1000mm　1/16
印　　张 / 16.5　　　　　　　　　　责任编辑 / 徐艳君
字　　数 / 218千字　　　　　　　　　文案编辑 / 徐艳君
印　　次 / 2023年7月第1版第3次印刷　责任校对 / 周瑞红
定　　价 / 49.00元　　　　　　　　　责任印制 / 边心超

图书出现印装质量问题，请拨打售后服务热线，本社负责调换

编委会

主　任　闫志强　李新斗

副主任　孙志春　杨国峰　唐曙光　王庆国
　　　　　杨淑启　杨玉平

委　员　姚洪运　宋永利　梁承忠　周卫东
　　　　　高　琪　张兴军　蒋卫东　韩宗邃
　　　　　李秀元　贾怀峰　杨文启　李亚生
　　　　　龚乃志　孔凡菊　张宏图　谢云叶

前言

孔孟之乡圣贤名匠

本书是为了贯彻落实《国家中长期教育改革和发展规划纲要（2010—2020年）》、《国务院关于加快发展现代职业教育的决定》（国发〔2014〕19号）、《教育部关于深化职业教育教学改革 全面提高人才培养质量的若干意见》（教职成〔2015〕6号）、《教育部关于印发〈完善中华优秀传统文化教育指导纲要〉的通知》等文件精神，为了弘扬孔孟之乡优秀传统文化，建设当代先进文化，增强山东人民的文化认同感、自豪感，激发爱国爱乡情怀，也为国内外更好地了解山东，推动山东改革开放而编写，是面向高职高专院校学生设计的中华传统文化类教材，是高职高专院校特设人文素质类教材。

自古以来，孔孟之乡齐鲁大地圣贤辈出，那些耀眼的名字千百年来被后人传颂着，他们的思想和情感成为全人类的精神财富，为中国古代政治、经济、文化、教育、军事等领域的辉煌成就奠定了基础，并成为我们引以为豪的民族雄魂。

为此，我们从弘扬地域性文化的角度出发，挖掘整理了孔孟之乡圣贤人物的业绩资料，遴选出14位圣贤名匠，精心地进行构思并付诸笔端，使圣贤人物及其丰功伟绩以文字的形式，形象直观地展现在世人面前。

本书按照现代职业教育体系建设的要求，遵循职业教育规律和高职高专学生身心发展和认知规律编写，以培养学生热爱祖国、热爱家乡的情感为重点，典范性与通俗性相统一、知识性与趣味性相统一、传统性与现代性相统一，突出职业教育的特点，强调学以致用、学以致道。

编 者

目录

项目一　儒家五圣之至圣孔子 ································· 1
　　单元一　孔子生平 ································· 3
　　单元二　孔子的主要成就 ························· 8
　　单元三　孔子相关的名言典故 ····················· 19

项目二　儒家五圣之亚圣孟子 ································· 29
　　单元一　孟子生平 ································· 30
　　单元二　孟子的主要成就 ························· 35
　　单元三　孟子相关的名言典故 ····················· 39

项目三　儒家五圣之复圣颜子 ································· 51
　　单元一　颜子生平 ································· 53
　　单元二　颜子的主要成就 ························· 57
　　单元三　颜子相关的名言典故 ····················· 59

项目四　儒家五圣之宗圣曾子 71
单元一　曾子生平 73
单元二　曾子的主要成就 76
单元三　曾子相关的名言典故 81

项目五　儒家五圣之述圣子思 93
单元一　子思生平 94
单元二　子思的主要成就 96
单元三　子思相关的名言典故 99

项目六　学圣荀子 105
单元一　荀子生平 106
单元二　荀子的主要成就 108
单元三　荀子相关的名言典故 115

项目七　圣相管仲 125
单元一　管仲生平 126
单元二　管仲的主要成就 128
单元三　管仲相关的名言典故 132

项目八　兵圣孙武 141
单元一　孙武生平 142
单元二　孙武的主要成就 146
单元三　孙武相关的名言典故 152

项目九　科圣墨翟 ······ 157
单元一　墨翟生平 ······ 158
单元二　墨翟的主要成就 ······ 161
单元二　墨翟相关的名言典故 ······ 166

项目十　医圣扁鹊 ······ 171
单元一　扁鹊生平 ······ 172
单元二　扁鹊的主要成就 ······ 175
单元三　扁鹊相关的名言典故 ······ 178

项目十一　智圣诸葛亮 ······ 183
单元一　诸葛亮生平 ······ 184
单元二　诸葛亮的主要成就 ······ 193
单元三　诸葛亮相关的名言典故 ······ 198

项目十二　书圣王羲之 ······ 219
单元一　王羲之生平 ······ 220
单元二　王羲之的主要成就 ······ 223
单元三　王羲之相关的名言典故 ······ 229

项目十三　农圣贾思勰 ······ 233
单元一　贾思勰生平 ······ 234
单元二　贾思勰的主要成就 ······ 236
单元三　贾思勰相关的名言典故 ······ 241

项目十四　艺圣鲁班 ·· 245
单元一　鲁班生平 ·· 246
单元二　鲁班的主要成就 ·· 247
单元三　鲁班相关的名言典故 ···································· 251

参考文献 ·· 253

项目一
儒家五圣之至圣孔子

孔子（公元前551—前479年），名丘，字仲尼，春秋末期鲁国陬邑①人。我国古代著名的思想家、教育家、儒家学派创始人。相传有弟子三千，贤弟子七十二，孔子曾带领弟子周游列国14年。晚年潜心致力于古文献整理，修《诗》《书》，定《礼》《乐》，序《周易》，作《春秋》。②其思想以"仁"为核心，"仁"即"爱人"，倡导推行"仁政"，且应以"礼"为规范，"克己复礼为仁"；提出"正名"主张，以为"君君、臣臣、父父、子子"，都应实副其"名"；注重"学"与"思"的结合，所谓"学而不思则罔，思而不学则殆"；首创私人讲学风气，主张因材施教、"有教无类"、"学而不厌，诲人不倦"，强调"君子学道则爱人，小人学道则易使也"。自西汉以后，孔子学说成为两千余年封建社会的文化正统，影响极其深远。现存《论语》一书，记载孔子与门人的问答，是研究孔子学说的主要资料。

孔子在古代被尊奉为"天纵之圣""天之木铎"，是当时社会上最博学者之一，被后世统治者尊为孔圣人、至圣、至圣先师、大成至圣文宣王先师、万世师表，其开创的儒家思想对中国和世界都有深远的影响。1988年，75位诺贝尔奖的获得者在巴黎发表联合宣言，表示"21世纪人类要生存，就必须汲取两千年前孔子的智慧"，由此可见孔子思想之伟大。孔子已被列为"世界十大文化名人"之首。

---

① 今山东曲阜东南。
② 《庄子·天运》篇载有孔子的话说："丘治《诗》《书》《礼》《乐》《易》《春秋》六经。"

单元一　孔子生平

孔子的祖上是宋国的贵族，远祖是商朝开国君主商汤。周初三监之乱[①]后，为了安抚商朝的贵族及后裔，周公以周成王之命封商纣王的庶兄微子启于商丘建立宋国，奉殷商祀。微子启死后，其弟微仲即位，微仲即为孔子的先祖。按周礼制，大夫不得祖诸侯，"五世亲尽，别为公族"[②]，孔子六世祖孔父嘉继任宋国大司马[③]，故其后代以孔为氏。后宋太宰华父督作乱，弑宋殇公，杀孔父嘉。宋国和鲁国毗邻，孔子五世祖木金父从宋国避祸奔鲁，孔氏为鲁国人自此始。[④]孔子的父亲叔梁纥[⑤]是鲁国出名的勇士，叔梁纥先娶施氏，生九女而无一子，其妾生一子取名孟皮，但有足疾。在当时的情况下，女儿和残疾的儿子都不宜继嗣。叔梁纥晚年与年轻女子颜征在生下孔子。孔子生时头顶内凹（圩顶），有似阿丘，故名孔丘；生前父母曾祷于尼山，因字仲尼。孔子三岁时，叔梁纥病逝。之后，孔子的家境相当贫寒。《史记·孔子世家》说："孔子为儿嬉戏，常陈俎豆，设礼容。"孔母颜氏在幼年孔子玩耍时也经常把祭祀时存放供品

[①] 管叔鲜、蔡叔度和霍叔处联合东夷发动叛乱。

[②] 传到五代以后，分出同族。公族：同祖的一族。

[③] 司马是古代官名，西周始置，与司空、司寇、司士、司徒并称五官。大司马掌邦政。

[④] 参见杨朝明《孔子家语通解》。

[⑤] 名纥，字叔梁。

用的方形和圆形俎豆等祭器摆列出来，练习磕头行礼。由于孔子自幼受到严格母教，因而"十五而志于学"，十六七岁就已经懂得"礼"和"为人处世"的道理。

一、步入仕途

孔子一生志向远大，一心想用自己渊博的学识为朝政出力。但事与愿违，他从20岁开始为委吏①初涉官场后，一直到73岁因病而卒，期间50多年的仕宦生涯曾遭受多次重大挫折，并被迫带领弟子周游列国，流离失所长达14年之久。先后到过卫、陈、曹、宋、郑、蔡、楚等国，总共会见过大小国君和权臣70余人，希望能被起用，以推广自己的主张，但却处处碰壁，终生未能得志，留下很大的遗憾。

鲁昭公十年（公元前532年），孔子长子出生，据传此时正好赶上鲁昭公赐鲤鱼于孔子，故给其子起名为鲤，字伯鱼。是年孔子开始为委吏，管理仓库。鲁昭公十一年（公元前531年），孔子改作乘田②，管理畜牧。

鲁昭公十七年（公元前525年），郯子③来到鲁国朝见，孔子向郯子询问郯国古代官制。孔子开办私人学校，当在此前后。

鲁昭公二十年（公元前522年），孔子到30岁时，已有些名气，所以自称30岁前后有所成就。这一年，齐景公与晏婴出访鲁国时见了孔子，与他讨论秦穆公称霸的问题，孔子由此结识了齐景公。

鲁昭公二十四年（公元前518年）孟懿子④和南宫敬叔学礼于孔子。相传孔子与南宫敬叔适周问礼于老聃，问乐于苌弘⑤。

---

① 春秋时，鲁国管理粮仓的小吏。
② 春秋时，鲁国掌管畜牧的小吏。
③ 春秋时期郯国国君。
④ 鲁国孟孙氏第9代宗主，孟子的六世祖，南宫敬叔的哥哥。
⑤ 老聃即春秋时期的老子；苌弘，又称苌叔，是"以方术事周王"之贤士，在周王室大臣刘文公手下任大夫一职。

鲁国自宣公以后，政权掌握在以季孙氏为首的"三桓"①手中。鲁国大夫季孙氏把持鲁国的国政，代鲁国国君主持祭祀。因"八佾舞于庭"②，越礼享受了周王才能享受的特殊待遇，孔子对此十分愤慨，怒斥季氏"是可忍，孰不可忍"③。当时，鲁国已经发生战乱，孔子看到在鲁国已经没有从政治国的机会，在鲁昭公二十五年（公元前517年）只身离开鲁国到了齐国，开始了他的流亡生涯。

公元前516年，孔子从鲁国到了齐国后，想在齐国得到重用。他开始屈身做了高子④的家臣，并借此与齐景公通上关系。齐景公也曾问政于孔子，孔子对齐景公谈了著名的正名思想，即"君君，臣臣，父父，子子"，并由此得到齐景公的赏识。但齐国的政权实际掌握在大夫陈氏手中，齐景公虽认同孔子的思想却无法推行。孔子在齐国期间，还经常与齐国太师谈论音乐，并在听到韶乐后深入学习，竟痴迷到了"三月不知肉味"的地步。但好景不长，转年（公元前515年），孔子遭到齐国大夫排挤，诬陷他是鲁国季孙氏派来的间谍，并要加害于他。他国谋求发展的企图受挫，孔子无奈，只好又逃回鲁国。孔子在齐国受挫回国后，从政之心有所收敛，把主要精力放在了做学问上，孔子的学说更加成熟完善。公元前504年，孔子48岁，鲁国大夫季氏家

---

① 三桓，即指鲁国卿大夫孟孙氏、叔孙氏和季孙氏。

② 佾是奏乐舞蹈的行列，也是表示社会地位的乐舞等级、规格。一佾指一列八人，八佾为八列六十四人。周礼规定，只有天子才能用八佾，诸侯用六佾，卿大夫用四佾，士用二佾。季氏是正卿，只能用四佾，他却用八佾。

③ 见《论语·八佾》。

④ 高子，中国春秋时期齐国的大夫世族，是齐文公之子公子高的后裔，是齐国二守之一。

臣阳货劝孔子出来做官。因当时鲁国政权把持在季氏手中,季氏又受制于家臣阳货。孔子觉得"陪臣执国命"[①]有悖天道,就没有明确表态。又过了两年,公山不狃以费叛乱[②]后,派人请孔子出山。孔子考虑自己"循道弥久,温温无所试,莫能已用"[③],就想应了这门差事,欲仿周文王和周武王之作为。但其弟子子路对孔子应召叛乱之臣的做法很不理解,几番阻拦,孔子于是放弃了这次机会。

公元前501年,奸臣阳货被除后,孔子在他51岁时迎来了仕途的艳阳天,正式出任中都宰。52岁升任小司空,53岁时提拔为大司寇,[④]55岁时代理丞相一职。其理政才能突出,把鲁国治理得井井有条。但孔子的能力和鲁国的大治遭到了齐国的嫉妒。齐国使出了离间计,派人给鲁定公和季桓子送来了美女和良马。季桓子欣然笑纳并因此三日不理政务。孔子对季氏和鲁定公十分不满,感到治国大计无法实施,一气之下离开了鲁国,开始周游列国。

二、周游列国

孔子周游列国的目的是"求仕"和"行道",他茫然无所适从地奔走了14年之久,到处碰壁,主要目的始终没有达到。所以司马迁说:"孔子明王道,干七十余君,莫能用。"[⑤]

[①] 古代天子以诸侯为臣,诸侯以大夫为臣,大夫又自有家臣。大夫对于天子,大夫之家臣对于诸侯,都是隔了一层的,即都称为"陪臣"。

[②] 公山不狃,即公山弗扰,季氏的家臣,联合阳货一同反对季氏,阳货兵败逃亡齐国,公山弗扰以费宰的身份盘踞费邑。

[③] 遵循周朝的礼制,修行很久,但处处受压抑没有施展才能的地方,没人能任用自己。

[④] 司空、司寇是古代官名,西周始置,与司马、司士、司徒并称五官。司空掌水利、营建,司寇掌管刑狱、纠察;大司空下设小司空,辅佐大司空处理事务。

[⑤] 见司马迁《史记·孔子世家》。

孔子周游列国的第一站是卫国。卫灵公对孔子还是很不错的,按照鲁国的标准给了他六万粟的俸禄,但没有安排实职。又遇有小人嫉妒,向卫灵公进谗言,孔子遂遭到怀疑。孔子怕自己在异国获罪,不得不逃往陈国。

孔子离开卫国去陈国途中,经匡地被围困五日。只好又逃往蒲地,又遇公叔氏叛卫,怕受牵连,不得不返回到卫国求生。一日,卫灵公的夫人南子召见孔子,在出车之时,卫灵公与夫人同车,而令孔子的车跟在宦官的后面,孔子感到被羞辱,扔下一句"吾未见好德如好色者也"而离开了卫国。

孔子离开卫国先后到了郑、陈、蔡等国,但都不如意。不要说做官,就是性命也很难自保。不得已,孔子又回到卫国。并信誓旦旦地说"苟有用我者,期月而已,三年有成"。卫灵公表面看上去很器重孔子,但始终不重用孔子,让孔子很是失望。孔子又于59岁那年离开卫国西行。

孔子离开卫国,晋国的中牟邑宰①佛肸想叫孔子去做官,孔子最终还是没去。又经曹国到了宋国,想在宋国谋一番发展。不料,宋国司马桓魋非常讨厌孔子,扬言要加害孔子。虽然孔子说道:"天生德于予,桓魋其如予何?"②但也只得微服而行。

孔子在61~63岁期间,逗留在陈、蔡等国,曾被困绝粮落难,许多弟子因饿而病。直到弟子子贡到楚国游说,楚昭王派兵迎请孔子才解围。在楚期间,楚昭王对孔子不错,要封地给孔子。但因孔子曾说过"如有用我者,

---

① 邑宰,县邑之长,即县令。中牟邑宰,指中牟这个县邑的长官。
② 上天赋予德行给我,桓魋他对我能怎么样呢?

吾其为东周道乎"①之类的话，楚国令尹子西担心孔子像周文王那样，借此称王于天下而极力反对，楚昭王也因此对孔子有了防范之心。孔子终不得重用，于是在其 63 岁时从楚国返回卫国。

孔子 63 岁到卫国时，卫国有许多孔子的弟子在做官。卫出公②也有想重用孔子的意思。但孔子坚持自己的正名③思想，劝卫国为政先要正名。但此时的卫国若按孔子的思想正名，卫出公必须把自己的王位让给其父。所以，孔子的主张自然不会被采纳。孔子因在原则问题上与卫出公发生矛盾，再一次失去了为官的机会。

孔子于 68 岁被季康子盛情迎回鲁国，孔子周游列国 14 年，至此结束。虽鲁哀公和季康子都曾向孔子问过政事，但还是一直未真正起用孔子。孔子晚年继续从事教育及整理古籍文献工作。

单元二　孔子的主要成就

孔子是一个教育家、思想家，是一个品德高尚的知识分子。他正直、乐观向上、积极进取，一生都在追求真、善、美，一生都在追求理想的社会。他对其后中国 2 000 多年的历史，对中华民族的性格、气质产生了极大影响。

一、思想成就

1. 哲学思想——"知其不可为而为之"的天命观

在孔子以前的夏商周传统思想中，"天"是自然和社会的最

---

① 如果有人任用我，我就要在当地复兴周礼啊！
② 卫国第 29 代国君，卫灵公姬元之孙，卫后庄公姬蒯聩之子；卫灵公死后，卫出公即位。
③ 指辨正名称、名分，使名实相符。

高主宰，"命"是自己无法控制的、盲目的异己力量。孔子也把"天命"看作一种神秘的主宰力量。"子罕言利，与命与仁。"①他说："君子有三畏，畏天命，畏大人，畏圣人之言。"②孔子对天命的认识是辩证的：一方面，他继承了传统的天命观念，把"天"看作有意志、能赏罚的人格神；另一方面，又吸纳了进步的思想，强调尽力于人事的作用，甚至达到了"知其不可为而为之"的地步。

在孔子那里，天是感情的寄托和心灵的慰藉，在他最困难、最痛苦、最需要依靠的情况下，是"天"给了他精神的力量，鼓舞着他与困难斗争。他说："天之未丧斯文也，匡人其如予何！"③"不怨天，不尤人，下学而上达，知我者其天乎！""获罪于天，无所祷也。"④但是，在无可奈何的境地，孔子也发出了命中注定的感慨。"命"，在孔子那里是一种不可知的必然性，是一种不可抗拒的超自然的力量，是一种不可把握的偶然机遇。他说："不知命，无以为君子也。"⑤"道之将行也与，命也；道之将废也与，命也。"⑥

孔子强调人的主观自觉和奋力抗争精神，倡导积极入世和发奋有为的态度，这是他行动的出发点。在做到了最大努力、达到了极限时，也不语"怪、力、乱、神"，天命只作为事后的说明和安慰。谋事在人，成事在天；死生有命，富贵在天。司马迁在《史记·孔子世家》中，不惜篇幅，细致描述了孔子在困于陈、蔡时与子路、子贡和颜回的谈话，孔子赞同颜回的说法："夫道之不修也，是吾丑也。夫道既已大修而不用，是有国者之丑也。不容何病，不容然后

---

① 孔子很少谈到功利、命运和仁德。
② 君子有三种敬畏：敬畏天命，敬畏有德之人，敬畏圣人的语言。
③ 若天意不欲丧斯道，匡人能把我怎样呢？
④ 如果得罪了上天，祈祷任何神也没有用的。
⑤ 不懂得命运，就不能做君子。
⑥ 道能够得到推行，是天命决定的；道不能得到推行，也是天命决定的。

见君子！"①

2. 伦理思想——仁者爱人，注重自身修养

在孔子的伦理思想中，包含着一套以仁为核心的伦理道德规范体系。可以说，关于道德规范的理论，构成了孔子伦理思想的主体内容。

（1）仁。在孔子的伦理思想中，仁占有极其重要的地位。孔子说："志士仁人，无求生以害仁，有杀身以成仁。"②"君子无终食之间违仁，造次必于是，颠沛必于是。"③"民之于仁也，甚于水火。水火，吾见蹈而死者矣，未见蹈仁而死者也。"④他甚至还说："当仁，不让于师。"由此可见孔子对仁的高度重视。我们认为，仁是孔子伦理思想的核心内容，也是孔子伦理道德规范体系中的基本原则。樊迟问仁时，孔子回答说："爱人。"还有一次孔子回答说："居处恭，执事敬，与人忠。"子张问仁时，孔子回答："恭、宽、信、敏、惠。"可以说，孔子提出的一系列伦理道德规范，都是仁的具体展开和体现，同时又都可以归结于仁。在孔子提出的爱人、忠恕、孝悌、礼、让、中庸、信、义、宽、敏、恭、惠、勇等道德规范中，始终贯穿着仁的思想和要求。所以我们认为，在孔子提出的伦理道德规范体系中，仁是一个居核心地位、起主导作用的范畴和概念，或者说，孔子伦理道德规范体系的基本原则就是仁。在孔子的伦理思想中，仁作为一个基本的道德原则，是人们处理各种道德关系和调整各种

---

① 老师的学说不修明，这是我们的耻辱。老师的学说已经努力修明而不被采用，这是当权者的耻辱。不被容纳怕什么？不被容纳然后才现出君子本色。

② 志士仁人，没有贪生怕死而损害仁的，只有牺牲自己的性命来成全仁的。

③ 君子连一顿饭的时间也不背离仁德，就是在最紧迫的时刻也必须按照仁德办事，就是在颠沛流离的时候，也一定会按仁德去办事的。

④ 人民对于仁德，比对水火的需要还急切。我看见过投入水火而死的，没见践履仁德而死的。

利益关系的根本准则,它贯穿于孔子伦理思想的全部内容之中,也鲜明地、集中地体现着孔子伦理思想的本质和特点,其他的道德规范以及具体道德关系方面的某些特殊要求,都是这个基本原则的补充、展开和具体表现。

(2)爱人。爱人是孔子关于仁的道德原则的理论基础和第一要义,也是人们在实践仁的过程中首要的指导思想和道德要求。在孔子看来,以爱人作为人与人之间关系的纽带,人与人之间的关系即可和

谐融洽;如果整个社会都建立在爱人的基础上,那么社会自可安定太平。樊迟问仁时,孔子回答说:"爱人。"他还说:"节用而爱人,使民以时。""泛爱众,而亲仁。""爱之,能无劳乎?"这些都反映和体现了孔子的爱人思想。在孔子的伦理思想中,爱人是仁的灵魂和内核,也是仁的根本之所在。可以说,爱人是处理人与人之间关系的一项基本的道德规范。这一道德规范,也充分体现了孔子伦理思想的人道主义精神。

3. 政治思想——以礼乐教化安邦治国

从孔子开始,中国政治思想进入了体系完备的时代。孔子对中国政治思想的贡献在于,他系统地整理、继承和丰富了以往的历史遗产,创立了以仁、礼为核心的政治思想。

孔子生活于春秋末年,这时周王朝的统治已名存实亡。诸侯争霸,战争纷起,社会处于新旧交替的大变革时期。孔子在政治上主张恢复西周盛世的周礼,认为要挽救"礼治",首先统治阶级成员要确实以身作则按周礼行事,以周礼来约束自己。这样,"犯上作乱"的事就不会发生。"君子博学于文,约之以礼,亦可以弗畔矣夫。"[①] "上好礼,则民莫敢不敬。""上好礼,则民易使也。"春秋时,出现了臣弑君、子杀父、少凌长、庶废嫡等违

---

① 君子广泛地学习古代的文化典籍,又以礼来约束自己,也就不会离经叛道了。

背伦理的行为，出现了"礼乐征伐自诸侯出""政在大夫""陪臣执国命"的僭越行为。因此孔子认为维护周礼，须从"正名"入手，认为"正名"是治国大事。他说："名不正则言不顺，言不顺则事不成，事不成则礼乐不兴，礼乐不兴则刑罚不中，刑罚不中则民无所措手足。"其作用在于用周礼的形式去匡正已经产生变化的社会。

针对春秋诸侯混战的社会现实，孔子大力宣传"仁"。《论语》从不同方面记载了孔子对"仁"的解释，"仁"是他心目中为人、处世、接物、从政的最高准则。孔子对"仁"虽有多种解释，但其核心则是仁者"爱人"，"己欲立而立人，己欲达而达人"①，"己所不欲，勿施于人"。

孔子认为要对被统治的劳动者实行宽惠，即实行德政。德政包括两个相互联系的方面，即经济上实行惠民政策，政治上对民宽刑罚、重教化。经济上惠民，使民"足食"，"所重：民、食、丧、祭"。主张"因民之所利而利之"，反对统治者无节制地剥削人民，过分的剥削会造成"不均"，"不均"是有国有家者的大患。政治上宽民，即反对实行"不教而杀"的任意刑罚的苛政，主张对人民要"道之以德，齐之以礼"，反对"道之以政，齐之以刑"。认为德化礼教能禁止犯罪于未萌，比行政命令和法律制度更具有效力。他主张"道之以德，齐之以礼，有耻且格"②。"道之以德"包括两个方面内容：一是统治者必须推行德治，表现为宽惠使民，轻徭薄赋，减省刑罚；二是统治者为人民树立道德榜样，启发民众的心理自觉。"齐之以礼"，一方面统治者要模范地

---

① 自己立身修德，也要让别人立身修德，自己通达事理也要让别人通达事理。
② 用道德来教化老百姓，用礼义来约束他们，老百姓就不但会有廉耻之心，而且也会守规矩。

遵守礼的规定，从而感化和影响群众；另一方面，所有的人都应该用礼来规范自己，用礼来约束道德。这样，德化与礼教的结合就能防止犯罪和反叛。孔子重教化，轻刑罚，但他并不否认刑罚的强制作用，他视德与刑为政治的两手，两手都要重视。"宽以济猛，猛以济宽，政是以和。"①

为了实行德政，孔子进而提出"举贤才"的政治主张，《论语·子路》记载："仲弓为季氏宰，问政，子曰：'先有司，赦小过，举贤才'。"又说："举直错诸枉，则民服；举枉错诸直，则民不服"②，进而孔子把民意也列入了考虑之列。

二、教育成就

孔子是中国历史上第一个伟大的教育家，在一定意义上说也是人类历史上一个伟大的教育家。他首创平民教育，广收门徒，号称弟子三千，达者七十二，为继承、发展和传播古代文化做出了突出的贡献。他的教育主张、教育目的、教育方法和治学方法，直到今天仍然值得我们学习和借鉴。

孔子的教育实践活动主要集中在三个时期：一是在孔子"三十而立"前后，大约在他30岁至35岁期间。二是在孔子于鲁昭公二十七年自齐返鲁之后到仕鲁之前，也就是他37岁至50岁期间。这一时期是孔子教育思想、教育事业的大发展时期，越来越引起全社会的广泛注意。其弟子除了山东境内的齐、鲁外，还有从楚、晋、秦、陈、吴③各

---

① 治国以宽厚与严峻相互补充，政事就和美。
② 选拔正直的人，罢免那些不正直的人，人民就信服你。选用不正直的人，罢免那些正直的人，人民就不会信服你。
③ 楚、晋、秦、陈、吴分别为今湖北、山西、陕西、河南、江苏。

地慕名而来的学生，几乎遍及主要的诸侯国。三是孔子晚年，结束长达14年的流浪生活，自卫返鲁，从他68岁到73岁去世，孔子进行了他生命最后五年的教育活动，把晚年的全部余热献给了教育事业。这期间他还对以往教学中使用的《诗》《书》《礼》《乐》《易》等文化典籍进行整理、删定，使之成为定型的教材。也是在这一时期，孔子的教学经验进一步系统化，最终形成了完整的教育理论体系。

由于孔子生前非常注重教育，并取得了极高的成就，因此，从孔子去世后第二年开始，孔子就不断受到祭奠和追封。孔子的封号从汉平帝时的褒成宣尼公逐渐提升到唐玄宗时的文宣王，以及清顺治时的大成至圣文宣先师，在中国乃至世界上享有崇高的地位。

1. 教育对象——"有教无类"①

孔子此语的本义是：教育的对象不分宗族贵贱，不分阶级。梁代皇侃说得好："人乃有贵贱，宜同资教，不可以其种类庶鄙而不教之也。教之则善，本无类也。"②孔子在其一生的教育中实践着他的这一主张，招收学生

兼收并蓄，不受贵贱、贫富、老幼、国籍等条件的限制。孔门三千弟子中，既有拥有很大权力和财富的贵族子弟，又有家境贫寒的平民百姓；既有商贾之人，又有劳动者，甚至有人还曾经为盗。所以荀子也说"夫子之门何其杂也"③。《吕氏春秋·劝学》说："故师

---

① 见《论语·卫灵公》。
② 见皇侃《论语义疏》。
③ 见《荀子·法行》。

之教也，不争轻重、尊卑、贫富，而争于道，其人苟可，其实无不可。"这也是"有教无类"的真正含义。

2. 教育目的——志道和弘道

孔子开办私学的目的，是为实现其政治理想服务的。他的政治主张是"仁政"和"德治"，实现这个政治主张所需的政治改革的人才，即"志道"和"弘道"的志士和君子。所以孔子教育的基本目的是培养"志道"和"弘道"的志士

和君子。他一生以"朝闻道，夕死可矣"的精神追求道，并极力寻找弘道的机会，但孔子一生不得志，就把志道、弘道的希望完全寄托在弟子身上。他教育他的学生"人能弘道，非道弘人"，"士志于道，而耻恶衣恶食者，未足与议也"①，"笃信好学，守死善道"，"志士仁人，无求生以害人，有杀身以成仁"。他的学生也颇有体会，如曾参说："士不可以不弘毅，任重而道远。仁以为己任，不亦重乎？死而后已，不亦远乎？"正因为如此，孔子才能造就出许多有才干的学生。

子夏说："学而优则仕。"从理论上概括了孔子教育目的的另一个重要方面，即造就齐家、治国、平天下的优秀人才，使他们参与政治改革，改变春秋时期所谓"天下无道"的混乱场面，实现"老安""少怀""友信"的理想社会。"学而优则仕"包含多方面的意思：学习是通向做官的途径，培养官员是教育最主要的政治目的，而学习成绩优良是做官的重要条件，如果不学习或虽学习而成绩不优良，也就没有做官的资格。孔子对提倡"学而优则仕"的态度非常明确，他说："先进于礼乐，野人也；后进于礼乐，君子也。如用之，则吾从先进。"意思是先学习礼乐而后做官的是平民，先有了

---

① 一个读书人既专心追求真理，却以自己穿得不好，吃得不好为耻辱，那便不值得和他讨论真理了。

官位而后学习礼乐的是贵族子弟。如果要选用人才，孔子主张选用先学习礼乐的人。孔子寄予希望的是"可以托六尺之孤，可以寄百里之命，临大节而不可夺也"①，以及"邦有道，则仕；邦无道，则可卷而怀之"的多能善政的人。这样的人才是教育培养出来的，孔子办学的目的也正是如此。

孔子培养的一批弟子，大多或早或迟地参加政治活动，他们"散游诸侯，大者为师傅卿相，小者友教士大夫"②。

"学而优则仕"，确定了培养政治人才这一教育目的，在教育史上具有重要的意义。把"学优"与"仕优"联系起来，反对了不学而仕的世袭制，为平民开拓了从政的道路，成为当时乃至整个中国封建社会知识分子积极学习的巨大推动力量。

3. 教育内容——德才并重

孔子办学的教育内容当然是服从于他的教育目的的，即服从于培养什么样的人的问题。孔子的教育目的是为实现仁政德治培养人才，所以他很注重人品的内在素质和外在表现。他认为

一个人在道德感情上要克制那些不合于"仁"的邪念，在道德行为上要符合道德修养，所以孔子强调"听其言而观其行"。他提出"文质彬彬，然后君子"的主张，认为表里一致才算是大雅君子。因此，

---

① 可以把年幼的君主托付给他，可以把国家的政权托付给他，面临生死存亡的紧急关头而不动摇屈服。

② 出自《史记·儒林列传》，大意为四散去交游诸侯，成就大的当了诸侯国君的老师和卿相，成就小的结交、教导士大夫。

他的教育内容是德才并重，道德教育和知识教育并重。

孔子传授知识的范围主要限于人道方面，即专讲做人和从政的道理，而这些又都是蕴含在教习"六经"（《诗》《书》《礼》《乐》《易》《春秋》）和"六艺"（礼、乐、射、御、书、数）的内容里。

4. 科学先进的教学方法

孔子作为一位伟大的教育家，在其一生出色的教学过程中总结出一套灵活多样而又行之有效的教学方法。这些教学方法不仅在过去而且在当今都具有十分重要的启发意义，是孔子教育思想中最精华的部分。

（1）学、思结合，辩证原理。子曰："学而不思则罔，思而不学则殆。""学"就是要占有知识材料，"思"就是对看到的知识材料进行分析思考。孔子认为，要使一个人成才，就必须通过培养，使他既善于占有资料又勤于对资料进行独立的思考，唯有如此，才能从根本上教好学生。

（2）因材施教，循循善诱。教学活动不同于一般的生产活动，它的教育对象是各个不同的有着独立意识的人，这就决定了教学活动中不能用同一种方式、方法同时教育好所有的受教育者。孔子很早就注意到这一点，并创造性地施行了因材施教的教学方法。

孔子说："中人以上，可以语上也；中人以下，不可以语上也。"[①]

[①] 中等资质以上的人，可以告诉他深奥的道理；中等资质以下的人，就很难让他了解深奥的道理了。

这并不是说孔子要把人分成三六九等，而是说孔子能够正视学生资质上存在的差异，根据学生自身的志趣、智慧和能力，有选择地施以不同的教育。《论语·先进》中记载，冉求做事好退缩，胆子小，孔子就教他凡事要果断，想到了就应马上去做；仲由胆大，欠考虑，孔子怕他冒失惹祸，就教他遇事要退一步想，孔子就是用这种扬长避短的方法来完善弟子们的德业修养的。

（3）善于启发，触类旁通。孔子是中国古代第一个采用启发式教学方法的教育家。《论语·述而》记载，孔子主张："不愤不启，不悱不发，举一隅，不以三隅反，则不复也。"意思是说，教育学生不能简单地采取灌输的方式，而应该以学生为主，在学生思考后仍不得要领时再开导他，在学生想表达自己思想而苦于说不出来的时候再启发他说出来。另外，如果学生仅停留在对知识的了解，而不能内化为自身的能力，就不要勉强教下去了。这种精神体现了孔子务实和对每个学生认真负责的教学风格，具有十分重要的现实意义。

（4）教学相长，相互切磋。孔子言："后生可畏，焉知来者之不如今也？""当仁，不让于师。"可以说，一部《论语》实际上就是记载孔子师生之间互相讨论、回答问题的书。教学相长最重要的是老师要勇于放下架子，面对自己的不足，勇于承认不足，敢于向比自己强的人学习，并把学来的知识应用到以后的教学中去。"学而不厌，诲人不倦"，实际上，"诲人不倦"是要以"学而不厌"为基础。另外，更难能可贵的是"教学相长"的教学方法中体现的师生平等观，其对今天的教育教学仍有直接的指导意义。

单元三　孔子相关的名言典故

一、孔子语录

1. 论仁

【原文】君子无终食之间违仁，造次必于是，颠沛必于是。——《论语·里仁》

【大意】君子连一顿饭的时间也不背离仁德，在最紧迫的时刻一定按照仁德办事，在颠沛流离的时候，也一定会按仁德办事。

【原文】夫仁者，己欲立而立人，己欲达而达人。能近取譬，可谓仁之方也已。——《论语·雍也》

【大意】至于仁人，就是要想自己站得住，也要帮助人家一同站得住；要想自己过得好，也要帮助人家一同过得好。凡事能就近以自己作比，而推己及人，可以说就是实行仁的方法了。

【原文】仁远乎哉？我欲仁，斯仁至矣。——《论语·述而》

【大意】仁难道离我们很远吗？只要我想达到仁，仁就来了。

【原文】克己复礼，为仁。一日克己复礼，天下归仁焉。为仁由己，而由仁乎哉？——《论语·颜渊》

【大意】克制自己，一切都照着礼的要求去做，这就是仁。一旦这样做了，天下的一切就都归于仁了。实行仁德，完全在于自己，难道还在于别人吗？

【原文】当仁，不让于师。——《论语·卫灵公》

【大意】面对着仁德，就是老师，也不同他谦让。

【原文】巧言令色，鲜矣仁。——《论语·学而》

【大意】花言巧语，装出和颜悦色的样子，这种人的仁心就很

少了。

【原文】志士仁人无求生以害仁，有杀身以成仁。——《论语·卫灵公》

【大意】志士仁人，没有贪生怕死而损害仁的，只有牺牲自己的性命来成全仁的。

2．论礼

【原文】居上不宽，为礼不敬，临丧不哀，吾何以观之哉？——《论语·八佾》

【大意】居于执政地位的人，不能宽厚待人，行礼的时候不严肃，参加丧礼时也不悲哀，这种情况我怎么能看得下去呢？

【原文】八佾舞于庭，是可忍也，孰不可忍也？——《论语·八佾》

【大意】他用六十四人在自己的庭院中奏乐舞蹈，这样的事他都忍心去做，还有什么事情不可狠心做出来呢？

【原文】殷因于夏礼，所损益，可知也；周因于殷礼，所损益，可知也；其或继周者，虽百世可知也。——《论语·为政》

【大意】商朝继承了夏朝的礼仪制度，所减少和所增加的内容是可以知道的；周朝又继承商朝的礼仪制度，所废除的和所增加的内容也是可以知道的；将来有继承周朝的，就是一百世以后的情况，也是可以预先知道的。

【原文】先进于礼乐，野人也；后进于礼乐，君子也。如用之，则吾从先进。——《论语·先进》

【大意】先学习礼乐而后再做官的人，是（原来没有爵禄的）平民；先当了官然后再学习礼乐的人，是贵族子弟。如果要选用人才，那我主张选用先学习礼乐的人。

【原文】非礼勿视，非礼勿听，非礼勿言，非礼勿动。——《论语·颜渊》

【大意】不合于礼的不要看，不合于礼的不要听，不合于礼的不要说，不合于礼的不要做。

【原文】君子义以为质，礼以行之，孙以出之，信以成之。君子哉！——《论语·卫灵公》

【大意】君子以义作为根本，用礼加以推行，用谦逊的语言来表达，用忠诚的态度来完成，这就是君子了。

【原文】礼之用，和为贵。先王之道，斯为美，小大由之。有所不行，知和而和，不以礼节之，亦不可行也。——《论语·学而》

【大意】礼的应用，以和谐为贵。古代君主的治国方法，可宝贵的地方就在这里，不论大事小事都这样。有的时候行不通，（这是因为）为和谐而和谐，不以礼来节制和谐，也是不可行的。

3．论孝

【原文】父母之年，不可不知也。一则以喜，一则以惧。——《论语·里仁》

【大意】父母的年纪，不可不知道并且常常记在心里。一方面为他们的长寿而高兴，一方面又为他们的衰老而恐惧。

【原文】父在，观其志；父没，观其行；三年无改于父之道，可谓孝矣。——《论语·学而》

【大意】当他父亲在世的时候，要观察他的志向；在他父亲死后，要考察他的行为；若是他对他父亲的合理部分长期不加改变，这样的人可以说是尽到孝了。

【原文】今之孝者，是谓能养。至于犬马，皆能有养；不敬，何以别乎？——《论语·为政》

【大意】如今所谓的孝，只是说能够赡养父母便足够了。然而，就是犬马都能够得到饲养。如果不存心孝敬父母，那么赡养父母与饲养犬马又有什么区别呢？

【原文】色难。有事弟子服其劳，有酒食先生馔，曾是以为孝乎？——《论语·为政》

【大意】当子女的要尽到孝，最不容易的就是对父母和颜悦色。仅仅是有了事情，儿女需要替父母去做，有了酒饭，让父母吃，难道能认为这样就可以算是孝了吗？

【原文】事父母几谏。见志不从，又敬不违，劳而不怨。——《论语·里仁》

【大意】侍奉父母，如果父母有不对的地方要委婉地劝说他们。自己的意见表达了，见父母心里不愿听从，还是要对他们恭恭敬敬，并不违抗，替他们操劳而不怨恨。

【原文】父母在，不远游。游必有方。——《论语·里仁》

【大意】父母在世，不远离家乡；如果不得已要出远门，也必须有一定的地方。

4．论学

【原文】知之为知之，不知为不知，是知也。——《论语·为政》

【大意】知道的就是知道，不知道就是不知道，这就是智慧啊！

【原文】我非生而知之者，好古，敏以求之者也。——《论语·述而》

【大意】我不是生来就有知识的人，而是爱好古代的东西，勤奋敏捷地去求得知识的人。

【原文】好仁不好学，其蔽也愚；好知不好学，其蔽也荡；好信不好学，其蔽也贼；好直不好学，其蔽也绞；好勇不好学，其蔽也乱；好刚不好学，其蔽也狂。——《论语·阳货》

【大意】爱好仁德而不爱好学习，它的弊病是受人愚弄；爱好智慧而不爱好学习，它的弊病是行为放荡；爱好诚信而不爱好学习，它的弊病是危害亲人；爱好直率却不爱好学习，它的弊病是说话尖刻；爱好勇敢却不爱好学习，它的弊病是犯上作乱；爱好刚强却不爱好学习，它的弊病是狂妄自大。

【原文】知之者不如好之者，好之者不如乐之者。——《论语·雍也》

【大意】知道学习的人比不上爱好学习的人，爱好学习的人比不上以学习为乐趣的人。

【原文】发愤忘食，乐以忘忧，不知老之将至。——《论语·述而》

【大意】发愤用功,连吃饭都忘了,快乐得把一切忧虑都忘了,连自己快要老了都不知道。

【原文】学而不思则罔,思而不学则殆。——《论语·为政》

【大意】只读书学习,而不思考问题,就会茫然无知而没有收获;只空想而不读书学习,就会疑惑而不能肯定。

【原文】学而时习之,不亦说乎?——《论语·学而》

【大意】学了知识,然后按一定的时间复习它,不也是很愉快的吗?

【原文】温故而知新,可以为师矣。——《论语·为政》

【大意】在温习旧知识时,能有新体会、新发现,就可以当老师了。

【原文】敏而好学,不耻下问。——《论语·公冶长》

【大意】聪敏勤勉而好学,不以向比他地位卑下的人请教为耻。

【原文】三人行,必有我师焉。择其善者而从之,其不善者而改之。——《论语·述而》

【大意】多个人同行,其中必定有人可以做我的老师。我选择他好的方面向他学习,看到他不善的方面就对照自己改正自己的缺点。

5．论政

【原文】为政以德,譬如北辰,居其所而众星共之。——《论语·为政》

【大意】以道德教化来治理政事,就会像北极星那样,自己居于一定的方位,而群星都会环绕在它的周围。

【原文】天下有道,则礼乐征伐自天子出;天下无道,则礼乐征伐自诸侯出。——《论语·季氏》

【大意】天下有道的时候,制作礼乐和出兵打仗都由天子做主决定;天下无道的时候,制作礼乐和出兵打仗,由诸侯做主决定。

【原文】道之以政,齐之以刑,民免而无耻;道之以德,齐之以礼,有耻且格。——《论语·为政》

【大意】用法制禁令去引导百姓，使用刑法来约束他们，老百姓只是求得免于犯罪受惩，却失去了廉耻之心；用道德教化引导百姓，使用礼制去统一百姓的言行，百姓不仅会有羞耻之心，而且也就守规矩了。

【原文】举直错诸枉，则民服；举枉错诸直，则民不服。——《论语·为政》

【大意】把正直无私的人提拔起来，把邪恶不正的人置于一旁，老百姓就会服从了；把邪恶不正的人提拔起来，把正直无私的人置于一旁，老百姓就不会服从统治了。

【原文】丘也闻有国有家者，不患寡而患不均，不患贫而患不安。盖均无贫，和无寡，安无倾。夫如是，故远人不服，则修文德以来之。既来之，则安之。——《论语·季氏》

【大意】我听说，对于诸侯和大夫，不怕贫穷，而怕财富不均；不怕人口少，而怕不安定。由于财富均了，也就没有所谓贫穷；大家和睦，就不会感到人少；安定了，也就没有倾覆的危险了。如果这样，远方的人还不归服，就用仁、义、礼、乐招徕他们；已经来了，就让他们安心住下去。

【原文】苟正其身矣，于从政乎何有？不能正其身，如正人何？——《论语·子路》

【大意】如果端正了自身的行为，管理政事还有什么困难呢？如果不能端正自身的行为，怎能使别人端正呢？

【原文】不在其位，不谋其政。——《论语·泰伯》

【大意】不在那个职位上，就不考虑那职位上的事。

二、逸事典故

【三月不知肉味】

孔子精通诗、书、礼、易，也颇为擅长音乐，但还没达到精通的程度。他听说周天子的大夫苌弘，知天文，识气象，通历法，尤其精通音律，于是借着代表鲁君朝觐天子之机，专门来苌弘家拜访。

孔子说："韶乐和武乐都很高雅，都流行于诸侯国的宫廷之间，二者的区别在哪里呢？"苌弘缓缓地说："据弘愚见，韶乐，乃虞舜太平和谐之乐，曲调优雅宏盛；武乐，乃武王伐纣一统天下之乐，音韵壮阔豪放。就音乐形式来看，二者虽风格不同，都是同样美好的。"孔子进一步问："那么，二者在内容上有什么差别吗？"苌弘回答说："从内容上看，韶乐侧重于安泰祥和，礼仪教化；武乐侧重于大乱大治，述功正名，这就是二者内容上的根本区别。"孔子恍然大悟地说："如此看来，武乐，尽美而不尽善；韶乐则尽善尽美啊！"苌弘称赞道："孔大夫的结论也是尽善尽美啊！"孔子再三拜谢，辞行回国去了。

第二年孔子出使齐国，齐国是韶乐和武乐的正统流传之地。正逢齐王举行盛大的宗庙祭祀，孔子亲临大典，痛快淋漓地聆听了三天韶乐和武乐的演奏，进一步印证了苌弘的见解。而孔子出于儒家礼仪教化的信念，对韶乐情有独钟，终日弹琴演唱，如痴如醉，常常忘形地手舞足蹈。一连三个月，睡梦中也反复吟唱，吃饭时也在揣摩韶乐的音韵，以至于连他一贯喜欢的红烧肉的味道也品尝不出来了。

【孔子问礼于老聃】

孔子是个好学的人，年仅34岁时，就是鲁国举国闻名的博学多才的学者。鲁国有个贵族孟僖子，临终前把自己的两个儿子（孟懿子、南宫适）托付给孔子教育。一天孔子对南宫适说："我听说在洛邑当守藏史①的老聃，是个博古通今的学者，他既通礼乐之原，又通道德伦常之理，这样有学问的人，应该是我们的老师，能在洛邑拜

---

① 类似今天的国家图书馆馆长或博物院院长。

访他一次，是我生平之愿。"于是师徒前往洛邑拜访老子。

老子听到鲁国的孔丘不远千里前来求教的消息后，十分高兴，令僮仆赶快把街道打扫干净，又令仆人套上车，亲自到郊外去迎接孔子。

孔子在洛阳逗留了好几日，他观明堂、入周庙，并饱览了周王室丰富的藏书档案。同时，他虚心向老子求教，学到不少东西。

孔子返回鲁国，临行前，老子说："我听说有钱的人在送行的时候，送人的礼物是钱财或宝物；有道德的人送人的时候，送的是金玉良言。我没有钱，那么就只好权当有道德的人来送你几句话了。你学习古代的东西，固然很好，但不要拘泥于古代，不要生搬硬套古代的东西。通常会做生意的人，不会一开始就把最好的货拿出来兜售；真正有学问的人，不要一开始就流露他的才学，更不要随意议论别人，特别是别人的缺点；你要注意，做事不要做过了头，矫枉过正是结仇的根源。做人不能出现骄气，不要过于任性，更不要趾高气扬地摆阔气……"

老子的这番话，让孔子受益匪浅。他一直牢记在心，后来他在对弟子们的谈话中，把老子比作天上的龙，龙能自由自在地乘风上天，让人们无法捉摸。老子的学问就和天上的龙一样玄妙高深。

【孔子师项橐】

这里说的是孔子勤学的故事。孔子说过，"人有生而知之者，有学而知之者，有学而不知者"。即使是生而知之者还是要学习，有的人天分很高很聪明，但是不认真求学问，倚仗自己的天才胡作非为，就把自己给毁了。孔子是圣人，也还是活到老学到老，他曾向七岁的项橐请教问题，给后人做了好榜样。

项橐是春秋时期的神童，孔子曾经向他请教过问题。相传，孔子有一次与弟子们东游。待车马行至齐地纪障城的时候，大道边上有几个戏耍的玩童，有一童子立于路中不动。子路见状，停车呵斥道:"小孩子怎么不让车呢?碰到你怎么办?"

童子说:"城池在此,车马安能通过?"孔子探身道:"城在何处?"童子说:"筑于足下。"孔子下车观看,果见小儿立于石子、瓦片摆成的"城"中。童子问:"是城让车马,还是车马让城?"孔子笑道:"好伶俐的童子!请问你叫什么名字,多大年龄?"小儿答道:"我叫项橐,年方七岁。请教您是哪一位?"孔子答道:"我是鲁国孔丘。"项橐惊道:"您就是鼎鼎大名的孔夫子!那么我请教您三个问题,这个答得出来我就让城让路,答不出来就请绕城而过。"孔子觉得项橐这个小孩很有意思,于是笑道:"一言为定!"

项橐说:"天地人为三才,夫子可知天有多少星辰、地有多少五谷、人有多少根眉毛?"孔子摇头说:"我还真的不知道。"项橐得意道:"我来告诉你,天有一夜星辰,地有一茬五谷,人有黑白两根眉毛。"

项橐再问:"请教什么水没有鱼?什么火没有烟?什么树没有叶?什么花没有枝?"孔子答道:"江河湖海,水中都有鱼;柴草灯烛,是火就有烟;没有叶不成树,没有枝又哪里有花呢?"项橐听后晃着脑袋说:"不对,是井水没鱼,萤火没烟,枯树没叶,雪花没枝。"

项橐又问:"什么山上无石?什么车子无轮?什么牛无犊?什么马无驹?什么男人没有妻子?什么女人没有丈夫?"孔子逗他道:"啊呀,我还是不知道。"项橐又道:"土山无石,轿车无轮,泥牛无犊儿,木马无驹儿,神仙无妻,仙女无夫。"孔子心中实在是敬佩这个七岁的孩子,于是向项橐行礼,绕"城"而过。这就是后世传说的"项橐三难孔夫子"的故事。

【孔丘学琴】

孔子向师襄子学琴，学了十天仍没有学习新曲子，师襄子对他说："可以增加学习内容了。"孔子说："我已经熟悉乐曲的形式，但还没有掌握方法。"过了一段时间，师襄子说："你已经会弹奏的技巧了，可以增加学习内容了。"孔子说："我还没有领会曲子的意境。"过了一段时间，师襄子说："你已经领会了曲子的意境，可以增加学习内容了。"孔子说："我还不了解作者。"又过了一段时间，孔子神情俨然，仿佛进到新的境界：时而神情庄重穆然，若有所思；时而怡然高望，志意深远。孔子说："我知道他是谁了。那人皮肤深黑，体形颀长，眼光明亮远大，像个统治四方诸侯的王者，若不是周文王还有谁能撰作这首乐曲呢？"师襄子听到后，赶紧起身拜了两拜，回答道："老琴师传授此曲时就是这样说的，这支曲子叫做《文王操》啊！"

教学活动设计

一、课堂教学

通过讲授、诵读、故事演绎等方法，引领学生走近孔子，品读经典，了解孔子的哲学思想、政治思想、教育思想，形成正确的价值取向，培养学生生活和职业中的人文情怀和文化品位，帮助学生形成高尚的道德情操和君子品格，提高综合素质。

二、课外拓展

1. 结合9月28日孔子诞辰日，举办祭奠圣贤经典诵读活动。
2. 观看电影《孔子》，进一步了解孔子的经历和博大思想。
3. 诵读《论语》中的经典章句。
4. 举办专家讲座，进一步了解圣贤的微言大义，形成正确的价值取向，培养健全的人格。

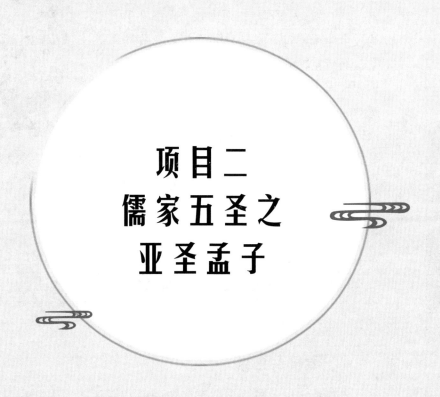

项目二
儒家五圣之
亚圣孟子

孟子（约公元前372—前289年），名轲，字子舆，战国中期邹国①人，距离孔子的故乡曲阜不远。是著名的思想家、政治家、教育家，孔子学说的继承者，儒家的重要代表人物。他继承了孔子"仁"的思想并将其发展成为"仁政"思想。孟子把伦理和政治紧密结合起来，强调道德修养是搞好政治的根本。他说："天下之本在国，国之本在家，家之本在身。"孟子的思想对后世产生了极大的影响，被尊奉为仅次于孔子的"亚圣"。

单元一　孟子生平

一、家世与母教

孟子的家世，首先要追溯到鲁国的开国之君鲁公，鲁公名伯禽，是周公旦之子。武王伐纣胜利后，继天子位，是历史上的周朝。武王继位后大封群臣，封其弟周公旦于曲阜，曰"鲁"。周公旦不就封，要辅佐武王处理朝政，使其子伯禽就封于鲁，是为鲁公。鲁公的第八代是为鲁庄公，庄公有三弟，"长曰庆父，次曰叔牙，次曰季友"②。司马迁在《史记》中说"庆父后为孟氏也"，孟孙氏是其后裔。可见孟子是鲁国国君之同宗。孟孙氏衰微后，有一支从鲁迁居到邹，就是孟子的祖先。

孟子和孔子一样，幼年丧父，在母亲的教育下成长，孟母教子的故事，史书上记载颇多，孟母的言传身教对孟子成为"亚圣"具

---

① 今山东邹城。
② 见《史记·周鲁公世家》。

有巨大的作用。孟子的母亲仉氏是位伟大的女性,她含辛茹苦,坚守志节,教育孟子数十年如一日,一丝不苟,毫不放松,既成就了孟子,更为后世的母亲留下一套完整的教子方案。

孟母对孟子的教诲从零岁就开始了。《韩诗外传》就载有她的一段话说:"吾怀妊是子,席不正不坐,割不正不食,胎教之也。"① 据说周文王的母亲妊娠时,目不视恶色,耳不听淫声,口不出恶言;立而不跛,坐而不差,独居不倨,虽怒不骂。但是明确提出"胎教"理论的应该是孟母。"席不正不坐,割不正不食",孟母的生活以"正"为原则,这正符合中国传统文化之"童蒙养正"的教育观。

孟子出生后,孟母是如何教子的呢?《三字经》从第25个字开始,用了12个字的笔墨叙述了孟母教子的故事:"昔孟母,择邻处。子不学,断机杼。"这个故事最早见于西汉学者刘向编的《列女传》。《列女传·卷一·母仪》记载:"孟子生有淑质,幼被慈母三迁之教。"

孟子小时候,父亲早早地去世了,母亲守节没有改嫁。开始,他们住在墓地旁边。孟子就和邻居的小孩一起学着大人跪拜、哭号的样子,玩起办理丧事的游戏。孟子的母亲看到了,就皱起眉头想:"不行!我不能让我的孩子住在这里了!"孟子的母亲就带着孟子搬到市集旁边去住。到了市集,孟子又和邻居的小孩,学起商人做生意的样子。一会儿鞠躬欢迎客人,一会儿招待客人,

---

① 我怀这个孩子的时候,座席摆得不端正我不坐,切肉切得不正我不吃,这是胎教。

一会儿和客人讨价还价,表演得像极了!孟子的母亲知道了,又皱皱眉头:"这个地方也不适合我的孩子居住!"于是,他们又搬家了。这一次,他们搬到了学校附近。孟子开始变得守秩序、懂礼貌、喜欢读书。这个时候,孟子的母亲很满意地点着头说:"这才是我儿子应该住的地方呀!"这则故事说明家庭教育对子女成长起重要作用。孔子认为:"里仁为美。择不处仁,焉得知?"①"孟母三迁教子"的故事正符合孔子的观点,都强调了选择居住环境的重要性。"孟母三迁教子"的故事为历代所称述,也成为后世母亲重视子女教育的典型,影响至今。

孟子随母亲迁到学校旁,但是由于年龄较小,自控力不强。有一次,孟子背诵诗文,他的母亲正在织布。孟子突然停止背书,开始玩耍,一段时间后,接着再背诵下去。孟子的母亲看到之后,十分恼火,就用剪刀把正在织的布剪断。孟子见状害怕极了,就问他母亲:"为什么要发这样大的火?"孟母说:"读书不能三心二意。如果半途而废就像我正在织的布被剪刀剪断一样,一无所成。"孟子听完母亲的教诲,从此专心读书。这个故事也叫"孟母戒子",载于《韩诗外传》。

孟母不仅重视客观环境对少年孟子的影响,而且十分注重言传身教,以自己的一言一行,一举一动来启发教育孟子。"买肉啖子"的故事,讲的就是孟母如何以自己的言行对孟子施以诚实不欺的品德

---

① 跟有仁德的人住在一起,才是好的。如果你选择的住处不是跟有仁德的人在一起,怎么能说你是明智的呢?

教育的故事。一天，邻居家杀猪。孟子不知道那一户人家为什么要杀猪，就问他的母亲。孟母没多想就说："杀了猪给你吃肉呀。"刚说完，孟母就后悔了，她对自己说："我怀着孟子以来，座席不端正我不坐，割肉不周正我不吃，从孟子还是胎儿的时候我就让他受良好的教育，现在孟子初识人事，我就欺骗他，这是教他说话不讲信用啊。"于是，尽管当时家里很穷，孟母还是去杀猪的那户人家买了些肉回来给孟子吃，用自己的实际行动履行了自己对孟子的承诺。

孟母对孟子的教育无微不至，即使在孟子成亲之后，也不忘教他夫妇相处之道。据《列女传》记载：孟子对自己的妻子由氏一直不满，认为她太过倨傲，因此有意休妻。有一次，由氏在卧室内袒露身躯走动，孟子勃然不悦。孟母知道后，对儿子晓以大义："夫礼，将入门，问孰存，所以致敬也。将上堂，声必扬，所以戒人也。将入户，视必下，所以恐见人过也。今汝往燕私之处，入户不有声，令人袒而在内，踞而视之，是汝非礼也，非妇无礼也。"①"将入门，问孰存。将上堂，声必扬"，后来被写进了《弟子规》，成为读书人学习居家礼仪的守则。

孟母施教的种种做法，对于孟子的成长及其思想的发展影响极大。良好的环境使孟子很早就受到正统礼仪的熏陶，并养成了诚实不欺的品德和坚韧刻苦的求学精神，为他以后致力于儒家思想的研究和发展打下了坚实而稳固的基础。

---

① 选自《列女传》。

二、游说诸侯

孟子继承了孔子的仁政学说,是位非常有抱负的政治家,在诸侯国合纵连横、战争不断时期,作为锐捷的思想家,孟子意识到了当时的时代特征和趋势,建构了自己的学说。与孔子一样,他力图将儒家的政治理论和治国理念转化为具体的国家治理主张,并推行于天下。而当时各个思想家为了实现自己的政治主张,均游说各国诸侯。在这样的社会背景下,孟子开始周游列国,游说于各国君主之间,推行他的政治主张。

孟子游说诸侯的第一站是齐国。齐威王时,正是"稷下学宫"[1]兴盛时期,孟子至齐不久,参与了"稷下学宫",聘为齐卿[2]。"受上大夫之禄,不任职而论国事。"[3]齐威王对孟子礼遇有加,但是对孟子的"王道""仁政"并无兴趣。孟子听说宋君偃称王(公元前328年),欲行王政。于公元前323年,孟子怀着怅然之情离开齐国,来到了宋国。当孟子居宋的时候,滕文公还是个太子,他去南方的楚国,道经宋国的国都彭城,来回两次和孟子相见,孟子向他阐述了人性善的道理。虽然宋偃王愿意采纳孟子的治政主张,但是由于宋偃王左右的大臣缺乏认识,所以孟子的理想仍得不到实现。无奈之下,孟子接受了宋偃王馈赠的七十镒[4]之后离开了宋国。

此后,孟子仍然继续周游列国的生活。孟子到过的国家有齐、晋、宋、薛、鲁、滕、梁等国。周游的目的是向国君游说他的"仁政"和"王道"思想。但由于当时诸侯各国忙于战争,几乎没有人

---

[1] 又称稷下之学,战国时期田齐的官办高等学府,始建于齐桓公田午。

[2] 古代高级官名:三公九卿,齐卿指齐国的卿相。

[3] 选自《盐铁论·论儒》。意思是享受上大夫的俸禄,不担任具体职务就可以议论国事。

[4] 也是古代的重量单位,合二十两。

愿意采纳他的治国思想，好不容易碰到几个像宋偃王一样的开明国君，也都因为各种原因而中途失败。

三、著书立说

尽管孟子和他的弟子们，用了近30年的时间，周游列国，游说诸侯，还是不能力挽狂澜，让诸侯们放弃争霸，实行仁政。孟子坚信儒家学说是正确的，总有一天会被仁人志士所接受，总有一天会变成社会现实。回到邹国时，孟子已60多岁，从此不再出游，而在家乡兴学办校，广收门徒，与万章、公孙丑等弟子答疑解难，编著《孟子》。此书记述了他一生的主要言论、活动及思想学说，丰富多彩，博大精深，是他留给后人的宝贵精神财富。从《孟子》七篇的字里行间明显可以看出：孟子是名副其实的战国时期伟大的思想家、政治家、教育家。被宋神宗封为邹国公、元文宗封为邹国亚圣公，后又被明世宗奉为亚圣。明景泰二年，孟子嫡派后裔被封为翰林院五经博士，子孙世袭，一直到1914年，73代翰林院五经博士孟庆棠改封奉祀官，1935年改称亚圣奉祀官。

单元二　孟子的主要成就

一、思想成就

1. 孟子伦理思想和政治思想的基石——性善论

《孟子·滕文公上》云："孟子道性善，言必称尧舜。"一语道出孟学宗旨为"性善",性善论是孟子伦理思想体系和政治思想体系的基石。

孟子认为,人的本性与动物本性的不同之处在于人有道德,即人生而具有仁、义、礼、智等道德品质,人们都有一种先天向善的能力,即"良知"和"良能":"人之所不学而能者,其良能也;其所不虑而知者,其良知也。孩提之童,无不知爱其亲及其长也,无不知敬其兄也。亲亲,仁也;敬长,义也。"意思是说,人们无须学就会做的,这是他们的良能;无须用脑筋思考就知道的,这是他们的良知。两三岁的孩童,爱他们的父母,等到长大了,也都知道尊敬其兄长。亲爱父母便是仁,尊敬兄长便是义。为了使人们确信人性本善的结论,孟子进行了论证,提出人皆有恻隐、羞恶、辞让、是非四种心向。此四种心向乃是仁、智发生的根源。恻隐之心是仁发生的根源,羞恶之心是义发生的根源,辞让之心是礼发生的根源,是非之心是智发生的根源。而人的四种心向所产生的仁、义、礼、智四种品德是属于善的品德。因此,人的四种心向是向善之心向,而人之向善之心向是根源于人性的,由此可知,人性当是善的。孟子认为:"无恻隐之心,非人也;无羞恶之心,非人也;无辞让之心,非人也;无是非之心,非人也。恻隐之心,仁之端也;羞恶之心,义之端也;辞让之心,礼之端也;是非之心,智之端也。人之有是四端也,犹其有四体也。"在孟子看来,没有同情、羞耻、辞让、是非之心的人,简直不是个人。人有这种心向,就好比人有四肢一样,是自然而然的。因此"仁义礼智,非由外铄我也,我固有之也,弗思耳矣"。仁义礼智这些美德,是人本身就生而具有的,只不过人们不去想它罢了。为了使人的"善性"能够保存和扩展,孟子提出了一整套修身养性的功夫,这其中既包含了他的认识论,也包含了他的道德哲学。孟子认为有了坚定的意志,才可以养成浩然正气,才可以去恶从善。他指出,一个人要通过意志的锻炼才能有坚强的性格，才能担负起治理天下的重任。① 他说："故天将降大任于斯人也，必先苦其心志，劳其筋骨，饿其体肤，空乏其身，行拂乱其所为，所以动心忍性，曾益其所不能。"

2. 孟子政治思想的核心——仁政思想

"仁政"学说是对孔子"仁学"思想的继承和发展。孔子的"仁"是一种含义极广的伦理道德观念，其最基本的精神就是"爱人"。孟子从孔子的"仁学"思想出发，把它扩充发展成包括思想、政治、经济、文化等各个方面的施政纲领，就是"仁政"。"仁政"的基本精神是对人民有深切的同情心和爱心。

孟子的"仁政"在政治上提倡"以民为本"，孟子明确提出只有"保民"才可以"王"天下，"保民而王，莫之能御也"②。孟子认为，对一个国家来说，"民为贵，社稷次之，君为轻"。他还说，国君有过错，臣民可以规劝，规劝多次不听，就可以推翻他。孟子反对兼并战争，他认为战争太残酷，主张以"仁政"统一天下。在经济上，孟子主张"民有恒产"，让农民有一定的土地使用权，要减轻赋税。孟子主张行仁政，必须效法先王的王道统治，这样才能把仁政施行于天下。

3. 孟子提出国家政治的最高理想——王道

孟子认为民本与仁政能否实现，关系到能否实现"王道"这一目标。孟子所谓的"王道"，即"以德行政者王"，他认为："行仁政而王，莫之能御也。"就是说，以"仁政"统一天下，是谁也阻止不了的。他认为实行"仁政"，首先要争取"民心"，统治者应以"仁爱之心"去对待民众。他列举商汤、周文王行王道的例子："以力假仁者霸，霸必有大国；以德行仁者王，王不待大，汤以七十里，文王以百里。以力服人者，非心

---

① 参见杨国荣《孟子的哲学思想》。
② 爱护百姓，推行王道，就没有谁能够阻挡。

服也，力不赡也；以德服人者，中心悦而诚服也。"① 在孟子看来，实行王道之治就是"保民而王"，就是"乐以天下，忧以天下"。正因为孟子把实现王道作为最高的政治理想，所以凡不以"王道"治国者，便都被他视为"独夫民贼"，遭到他的猛烈抨击。

二、《孟子》

孟子的思想学说对后世有很大影响，尤其对宋明理学影响更巨，宋代以后常把孔子思想与孟子思想并称为"孔孟之道"。孟子的思想主要记录在《孟子》一书中。和孔子一样，孟子也曾带领学生游历魏、齐、宋、鲁、滕、薛等国，并一度担任过齐宣王的客卿。由于他的政治主张也与孔子的一样不被重用，所以便回到家乡聚徒讲学，与学生万章等人著书立说，"序《诗》《书》，述仲尼之意，作《孟子》七篇"。今天我们所见的《孟子》七篇，每篇分为上下，约 35 000 字，一共 260 章。

汉文帝把《论语》《孝经》《孟子》《尔雅》各置博士②，便叫"传记博士"；北宋神宗熙宁四年（1071 年），《孟子》一书首次被列入科举考试科目之中，《孟子》一书升格为儒家经典，与《论语》《大学》《中庸》合为"四书"。

---

① 倚仗实力假装爱民的人是霸道，行霸道就可以建立大的国家；依靠治理规律而爱民的人是王道，行王道不一定要大国，商汤凭借七十里国土，周文王凭借百里国土就使人心归服。倚仗实力使人民服从，并不能使人民心服，是因为实力不能供养人民；依靠治理规律使人民服从，人民心中喜悦而诚心诚意归服。

② 我国古代官名，源于战国。秦及汉初，博士所掌为古今史事侍问及书籍典章，是朝廷和各级衙门的顾问官。至汉武帝时，采用公孙弘建议，设五经博士，置弟子员，此后博士专掌经学传授，开始任学官，担任教学工作。

单元三　孟子相关的名言典故

一、孟子语录

【原文】仁者无敌。——《孟子·梁惠王上》

【大意】施行仁政的人是无敌于天下的。

【原文】老吾老,以及人之老;幼吾幼,以及人之幼。天下可运于掌。——《孟子·梁惠王上》

【大意】尊敬自己的老人,并由此推广到尊敬别人的老人;爱护自己的孩子,并由此推广到爱护别人的孩子。做到了这一点,整个天下便会像在自己的手掌心里运转一样容易治理了。

【原文】我善养吾浩然之气。——《孟子·公孙丑上》

【大意】我善于修养我的浩然之气。

【原文】以德服人,中心悦而诚服也。——《孟子·公孙丑上》

【大意】用道德使人归服的,人民心中喜悦而诚心诚意归服。

【原文】人皆有不忍人之心。……恻隐之心,仁之端也;羞恶之心,义之端也;辞让之心,礼之端也;是非之心,智之端也。——《孟子·公孙丑上》

【大意】每个人都有怜悯体恤别人的心情。……同情心是仁的发端;羞耻心是义的发端;谦让心是礼的发端;是非心是智的发端。

【原文】君子莫大乎与人为善。——《孟子·公孙丑上》

【大意】君子最重要的就是要与别人一起来行善。

【原文】天时不如地利,地利不如人和。——《孟子·公孙丑下》

【大意】有利于作战的天气、时令,比不上有利于作战的地理形势;有利于作战的地理形势,比不上作战中的人心所向、内部团结。

【原文】得道者多助，失道者寡助。——《孟子·公孙丑下》

【大意】站在正义、仁义方面，会得到多数人的支持帮助；违背道义、仁义，必陷于孤立。

【原文】君子不怨天、不尤人。——《孟子·公孙丑下》

【大意】君子不抱怨上天，不责怪别人。

【原文】有大人之事，有小人之事。……或劳心，或劳力。劳心者治人，劳力者治于人；治于人者食人，治人者食于人：天下之通义也。——《孟子·滕文公上》

【大意】官吏有官吏的事，百姓有百姓的事……有的人脑力劳动，有的人体力劳动；脑力劳动者统治人，体力劳动者被人统治；被统治者养活别人，统治者靠别人养活：这是通行天下的原则。

【原文】彼一时，此一时也。……如欲平治天下，当今之世，舍我其谁也？——《孟子·公孙丑下》

【大意】那是一个时候，现在又是一个时候……如果想使天下太平，在当今这个世界上，除了我还有谁呢？

【原文】父子有亲，君臣有义，夫妇有别，长幼有序，朋友有信。——《孟子·滕文公上》

【大意】父子之间有骨肉之亲，君臣之间有礼义之道，夫妻之间有内外之别，老少之间有尊卑之序，朋友之间有诚信之德。

【原文】富贵不能淫，贫贱不能移，威武不能屈。此之谓大丈夫。——《孟子·滕文公下》

【大意】金钱地位不能使自己迷惑腐化，贫穷困苦不能改变自己的志向，权势武力不能让自己屈服变节。这才叫大丈夫！

【原文】顺天者存，逆天者亡。——《孟子·离娄上》

【大意】顺从天意的就能生存，违背天意的就要灭亡。

【原文】人必自侮，然后人侮之；家必自毁，而后人毁之；国必自伐，而后人伐之。——《孟子·离娄上》

【大意】一个人一定是先侮辱自己，然后别人才侮辱他；一个家庭必然是自己先毁坏，别人才来毁坏它；一个国家必然是自己内部先互相征伐，别人才来讨伐它。

【原文】仁者爱人，有礼者敬人。爱人者人恒爱之，敬人者人恒敬之。——《孟子·离娄下》

【大意】能爱别人的人，别人也能常常爱他；能尊敬别人的人，别人也常常尊敬他。

【原文】鱼，我所欲也；熊掌，亦我所欲也。二者不可得兼，舍鱼而取熊掌者也。生，亦我所欲也；义，亦我所欲也。二者不可得兼，舍生而取义者也。——《孟子·告子上》

【大意】鱼是我所想要的，熊掌也是我所想要的。如果这两种东西不能同时得到，我宁愿舍弃鱼而选取熊掌。生命也是我所想要的，道义也是我所想要的。如果这两种东西不能同时得到，我宁愿舍弃生命而选取道义。

【原文】天将降大任于斯人也，必先苦其心志，劳其筋骨，饿其体肤，空乏其身，行拂乱其所为，所以动心忍性，曾益其所不能。——《孟子·告子下》

【大意】上天要让某个人担负重任，必定先要让他的心志受苦，让他的筋骨劳累，让他的身体挨饿，让他贫穷困顿，扰乱他的所作所为，这就可以触动他的心灵和磨炼他的性格，使他增长才干弥补不足。

【原文】生于忧患，死于安乐。——《孟子·告子下》

【大意】忧愁患害使人生存，安逸享乐使人灭亡。

【原文】穷则独善其身，达则兼善天下。——《孟子·尽心上》

【大意】穷困时独自善养自身，发达时兼顾善养天下万民。

二、成语典故

【一曝十寒】

原典：虽有天下易生之物也，一日暴之，十日寒之，未有能生者也。——《孟子·告子上》

战国时代，百家争鸣，游说之风十分盛行。一般游说之士，不但有高深的学问、丰富的知识，尤其擅长用深刻生动的比喻，来讽

劝打动执政者。孟子也是当时的一位著名辩士,在《孟子·告子上》中有这样一段记载:

孟子对齐王的昏庸,如做事没有坚持性、轻信奸佞谗言很不满,于是便不客气地对他说:"王也太不明智了,天下虽有生命力很强的生物,可是你把它在阳光下晒一天,又放在阴寒的地方冻它十天,它哪里还活得成呢!我跟王在一起的时间是很短的,王即使有了一点从善的决心,可是我一离开你,那些奸臣又来哄骗你,你又会听信他们的话,叫我怎么办呢?"接着,他打了一个生动的比喻:"下棋看起来是件小事,但假使你不专心致志,也同样学不好,下不赢。奕秋是全国最善下棋的高手,他教了两个徒弟,其中一个专心致志,处处听奕秋的指导;另一个却老是盼着有大天鹅飞来,准备用箭射鹅。两个徒弟是一个师傅教的,然而后者的成绩却差得很远。这不是他们的智力有什么区别,而是专心的程度不一样啊!"这是一个很有教育意义的故事,我们要学习一样东西、做好一件事情,是非专心致志、下苦功夫不可的。若是今天刚开了个头,明天就把它丢下了,隔若干天想起来时再去做,事情怎么做得好呢?故后来的人便将孟子所说的"一日暴之,十日寒之"精简成"一曝十寒",用来比喻修学、做事作辍无常,没有恒心。

【揠苗助长】

原典:宋人有闵其苗之不长而揠之者,芒芒然归,谓其人曰:"今日病矣!予助苗长矣!"其子趋而往视之,苗则槁矣。天下之不助苗长者寡矣!以为无益而舍之者,不耘苗者也;助之长者,揠苗者也;非徒无益,而又害之。——《孟子·公孙丑上》

从前有个宋国人,很是担忧他地里的禾苗长不高,于是有一天终于耐不住了,来到他的庄稼地里一口气不停地把禾苗往上拔,一天下来虽十分疲劳但心里很满足。回到家他对家人说:"今天可把我累坏了,我帮助禾

苗长高了一大截！"他儿子听说后急忙到地里去看禾苗是个什么状况，当然了，整个地里的禾苗都枯萎了。

天下没有不希望自己的禾苗长得快一些的人啊！以为禾苗长大了反而没有用处因此放弃的人，就像是不给禾苗锄草的懒汉。可是妄自帮助它生长的人，就像这个拔苗助长的人，不但没有好处，反而害了它呀。

【缘木求鱼】

原典：以若所为，求若所欲，犹缘木而求鱼也。——《孟子·梁惠王上》

有一次，孟子得知齐宣王想要发兵征讨周围的邻国，扩大他的疆土，便去求见齐宣王，问道："大王，听说你要兴兵，有这件事吗？""有这件事情。这是为了完成我多年来的一个追求。""大王，您说这是一种追求，这又是什么追求呢？"齐宣王就笑而不答。

孟子说："让我来猜一猜吧。可是还真不好猜。您哪，是一国之君。您想吃什么，不管是山珍海味，要什么就有什么；您现在有穿不尽的衣服、绫罗绸缎，您需要什么都会有臣子送到跟前；您的宫廷里有很多专业的舞女，有专职的乐师乐队，不管想看想听怎样的舞乐，也都能享受到。恐怕饮食、衣服、舞蹈、音乐，都不是您的追求吧？""先生说得对。我的追求呢，是扩大我的疆土。"

孟子说："您想扩大您的领地，占取别国的疆土吗？如果您追求的是这的话，那不应当兴兵作战，应当施行仁政。您施行仁政，老百姓都感激您，您的国力强盛，疆土自然就会扩大；反过来，如果您用武力去征服，我觉得犹如缘木而求鱼，是找不到的。""会这样吗？""对啊，缘木而求鱼，爬到树上找鱼，充其量只是找不着而已，没有鱼您下来就得了。这比您出兵征讨别的国家恐怕还要好一些。别的国家，像秦国、楚国，都是强国，您非要出兵把人家征服了，这后果是很难预料的，或许会比缘木而求鱼还要糟糕呢！"

【始作俑者】

原典：仲尼曰：始作俑者，其无后乎！为其象人而用之也。——

《孟子·梁惠王上》

战国时，有一次孟子和梁惠王谈论治国之道。孟子问梁惠王："用木棍打死人和用刀子杀死人，有什么不同吗？"

梁惠王回答说："没有什么不同的。"

孟子又问："用刀子杀死人和用政治害死人有什么不同？"

梁惠王说："也没有什么不同。"

孟子接着说："现在大王的厨房里有的是肥肉，马厩里有的是壮马，可老百姓面有饥色，野外躺着饿死的人。这是当权者在带领着野兽来吃人啊！大王想想，野兽相食，尚且使人厌恶，那么当权者带着野兽来吃人，怎么能当好老百姓的父母官呢？孔子曾经说过，首先开始用俑①的人，他是断子绝孙、没有后代的吧！您看，用人形的土偶来殉葬尚且不可，又怎么可以让老百姓活活地饿死呢？"

根据孔子"始作俑者，其无后乎"这句话，后人将"始作俑者"引为成语，比喻第一个做某项坏事的人或某种恶劣风气的创始人。

【明察秋毫】

原典：有复于王者曰："吾力足以举百钧，而不足以举一羽；明足以察秋毫之末，而不见舆薪。"则王许之乎？曰："否。"——《孟子·梁惠王上》

一天，齐宣王向孟子讨教齐桓公和晋文公的霸业，孟子巧妙地用一连串譬喻来阐述王道。其中有一则是说："假如有个人向大王禀告：'我的力气足以举起三千斤的东西，却拿不动一片羽毛；我的眼力足以看清鸟儿秋天生的毫毛的末端细节，却看不见眼前一车子的柴火。'请问大王您会同意这样的话吗？"齐宣王不假思索地说："当然不会。"

【杯水车薪】

原典：今之为仁者，犹以一杯水救一车薪之火也。——《孟子·告子上》

从前，有个樵夫砍柴回家。天气炎热干燥，他推了满满的一车

---

① 古时陪同死人下葬的木偶或土偶。

柴草来到一家茶棚前,就停下柴车到茶棚里喝口茶。刚坐下喝了一会儿,就听见旁边有人高喊:"不好了,救火啊!柴车着火啦!"樵夫立即起身,端起茶杯就冲了出去。他把茶杯里的水猛地泼向燃烧的柴草,但丝毫不起作用,火势越来越大,最后眼睁睁看着满车柴草连同柴车都化为了灰烬。樵夫沮丧地说:"水不是可以灭火的吗?毕竟泼上去的是一杯水呀!怎么就救不了一车子的柴草呢?"

【出尔反尔】

原典:邹与鲁讧。穆公问曰:"吾有司死者三十三人,而民莫之死也。诛之,则不可胜诛;不诛,则疾视其长上之死而不救。如之何则可也?"孟子对曰:"凶年饥岁,君之民老弱转乎沟壑,壮者散而之对方者,几千人矣;而君之仓廪实,府库充,有司莫以告,是上慢而残下也。曾子曰:'戒之戒之!出乎尔者,反乎尔者也。'夫民今而后得反之也。君无尤焉!君行仁政,斯民亲其上,死其长矣。"——《孟子·梁惠王下》

邹国与鲁国发生边界纠纷。邹穆公对孟子说:"这一次冲突,我的官吏死了三十三个,百姓却没有一个为他们而牺牲的。杀他们吧,杀不了那么多;不杀他们吧,又实在恨他们眼睁睁地看着长官被杀而不去营救。到底怎么办才好呢?"孟子回答说:"灾荒年岁,您的老百姓,年老体弱的弃尸于山沟,年轻力壮的四处逃荒,差不多有上千人吧;而您的粮仓里堆满粮食,货库里装满财宝,官吏们却从来不向您报告老百姓的情况,这是他们不关心老百姓并且还残害老百姓的表现。曾子说:'小心啊,小心啊!你怎样对待别人,别人也会怎样对待你。'现在就是老百姓报复他们的时候了。您不要归罪于老百姓吧!只要您施行仁政,老百姓自然就会亲近他们的长官,肯为他们的长官而牺牲了。"

【威武不屈】

原典:富贵不能淫,贫贱不能移,威武不能屈,此之谓大丈夫。——《孟子·滕文公下》

春秋战国时期，秦国势力日益强大，最终雄踞一方，称霸天下。当时的弱国连看到秦国的使者，都非常害怕，而纵横家们却可以直面秦王陈述利害，威风加于诸侯。公孙衍和张仪便是有名的纵横家。有一个爱好纵横之术的魏人犀首就问孟子："公孙衍和张仪应该称得上是真正的大丈夫了吧？"孟子回答说："这怎么能叫作大丈夫呢？你难道没有学过礼吗？作为大丈夫，应该懂得礼仪法度，以仁义为本。得志的时候，和老百姓一起走在仁义的康庄大道上；失意的时候，也不随波逐流、阿谀奉承。不因富贵而惑乱本心，不因贫贱而改变志向，也不因受到暴力的威吓而屈服失节。只有做到了这些，才称得上是真正的大丈夫啊。"

【顾左右而言他】

原典：孟子谓齐宣王曰："王之臣，有托其妻子于其友而之楚游者。比其反也，则冻馁其妻子，则如之何？"

王曰："弃之。"曰："士师不能治士，则如之何？"王曰："已之。"曰："四境之内不治，则如之何？"王顾左右而言他。——《孟子·梁惠王下》

一天，孟子对齐宣王说："在大王您的臣子当中，有一个把他的老婆和孩子托付给朋友照顾的人，而他自己却跑到楚国去到处游玩。更有甚者，等到他兴尽而返的时候，他的老婆孩子却在那里挨饿受冻，请问这样的人你拿他怎么办呢？"齐宣王干脆地说："抛弃他。"孟子接下来说："如果有一位司法官管理不好他的部属，那么你要怎样对待他呢？"齐宣王还是干脆地说："罢免他。"孟子顺势又说道："如果有这样一位君主，治理无方，把国家弄得四境不宁，那你又该对他如何呢？"这时，齐宣王左顾右盼，和身边的大臣们把话题岔到别的地方去了。

【月攘一鸡】

原典：今有人日攘其邻之鸡者。或告之曰："是非君子之道。"曰："请损之，月攘一鸡，以待来年然后已。"如知其非义，斯速已矣，何待来年？——《孟子·滕文公下》

从前有一个人，每天都要偷邻居家一只鸡。有人就劝告他说："这不是行为端正、有品德的人的所作所为。"他回答说："那就让我减少一些吧，以后我每个月偷一只鸡，并且等到明年我就洗手不干了。"唉！如果知道偷鸡的行为是不道德的，就应该马上停止这种不道德的行为，为什么还要等到明年呢？

【仁者无敌】

原典：梁惠王曰："晋国，天下莫强焉，叟之所知也。及寡人之身，东败于齐，长子死焉；西丧地于秦七百里；南辱于楚。寡人耻之，愿比死者一洒之，如之何则可？"孟子对曰："地方百里而可以王。王如施仁政于民，省刑罚，薄税敛，深耕易耨；壮者以暇日修其孝悌忠信，入以事其父兄，出以事其长上。可使制梃以挞秦楚之坚甲利兵矣。""彼夺其民时，使不得耕耨以养其父母。父母冻饿，兄弟妻子离散。彼陷溺其民，王往而征之，夫谁与王敌？故曰：'仁者无敌。'王请勿疑！"——《孟子·梁惠王上》

梁惠王忧心如焚地对孟子说："魏国的强大，天下没有比得上的，这您是知道的。到了我这个时候，东面战败于齐国，长子阵亡；西面丧失了七百里疆土给秦国；南面受辱于楚国（被夺去了八个城池）。我觉得这实在是奇耻大辱啊，希望为死难者报仇雪恨，您说要怎样办才好呢？"

孟子回答道："拥有方圆百里的土地就能称王天下。大王如能对民众施行仁政、减省刑罚、薄敛赋税、深耕土壤、清除杂草；青壮年在空闲时修习孝悌忠信的道理，在家里用这些来事奉父兄，在朝廷用这些来侍奉尊长，就是造些木棒也足以抗击披坚执锐的秦楚大军了。而秦国和楚国却相反，他们侵夺民众的农时，使他们不能耕种农田来养活自己的父母，父母挨冻受饿，兄弟妻儿东逃西散。那秦王、楚王虐害自己的民众，大王您去讨伐他们，谁能和大王相匹敌呢？所以老话讲得好：'仁德的人是无敌于天下的。'您就不要犹豫了吧！"

【冯妇搏虎】

原典：晋人有冯妇者，善搏虎。卒为善，士则之。野有众逐

虎，虎负嵎，莫之敢撄。望见冯妇，趋而迎之。冯妇攘臂下车。众皆悦之。其为士者笑之。——《孟子·尽心下》

晋国有个叫冯妇的人，既凶狠又勇猛，善于赤手搏虎。后来一心学好向善，也不再斗狠搏虎了，倒成了读书人的榜样。一次在野外，许多人正在追逐一只大老虎。只见这只老虎背靠着山脚，没有人敢去迫近它。就在这时他们看见了冯妇，便快步迎上前去，请冯妇出手相助。冯妇也就真的从车上跳下来，捋起袖子，伸开胳膊，再次与猛虎搏斗，降伏了老虎。逐虎的一众人是很喜欢冯妇的，可是作为士的那些人呢？却在讥笑他，讥笑他重操旧业。

【五十步笑百步】

原典：填然鼓之，兵刃既接，弃甲曳兵而走，或百步而后止，或五十步而后止。以五十步笑百步，则何如？——《孟子·梁惠王上》

梁惠王说：“我对于国家，那可真是够尽心的啦！黄河北岸魏地收成不好，遭饥荒，我便把那里的百姓迁移到河东，同时把河东的粮食运到河内。河东遭了饥荒，也如此办。我考察邻国的政治，没有哪个国家像我这样用心的。邻国的百姓并不因此而减少，我的百姓并不因此而加多，这是为什么呢？”

孟子回答说：“大王喜欢战争，那就让我用战争做比喻吧。咚咚地敲起战鼓，兵器刀锋相交撞击，有人扔掉盔甲拖着兵器逃跑。有的人跑了一百步停下，有的人跑了五十步停下。凭着自己只跑了五十步，而耻笑他人跑了一百步，那怎么样呢？”

惠王说：“不可以。只不过没有跑上一百步，这也是逃跑呀。”

【君子远庖厨】

原典：无伤也，是乃仁术也，见牛未见羊也。君子之于禽兽也，见其生，不忍见其死；闻其声，不忍食其肉。是以君子远庖厨也。——《孟子·梁惠王上》

齐宣王问道：“齐桓公、晋文公在春秋时代称霸的事情，您可以讲给我听听吗？”

孟子回答说："孔子的学生没有谈论齐桓公、晋文公称霸之事的，所以没有传到后代来，我也没有听说过。大王如果一定要我说。那我就说说用道德来统一天下的王道吧？"

宣王问："道德怎么样就可以统一天下了呢？"

孟子说："一切为了让老百姓安居乐业，这样去统一天下，就没有谁能够阻挡了。"

宣王说："像我这样的人能够让老百姓安居乐业吗？"

孟子说："能够。"宣王说："凭什么知道我能够呢？"

孟子说："我曾经听别人告诉过我一件事，说是大王您有一天坐在大殿上见有人牵着牛从殿下走过，便问：'把牛牵到哪里去？'牵牛的人回答：'准备杀了取血祭钟。'您便说：'放了它吧！我不忍心看到它那害怕得发抖的样子，就像毫无罪过却被判处死刑一样。'牵牛的人问：'那就不祭钟了吗？'您说：'怎么可以不祭钟呢？用羊来代替牛吧！'——不知道有没有这件事？"

宣王说："是有这件事。"孟子说："凭大王您有这样的仁心就可以统一天下了。老百姓听说这件事后都认为您是吝啬，我却知道您不是吝啬，而是因为不忍心。"

宣王说："是，确实有的老百姓这样认为。不过，我们齐国虽然不大，但我怎么会吝啬到舍不得一头牛的程度呢？我实在是不忍心看到它害怕得发抖的样子，就像毫无罪过却被判处死刑一样，所以用羊来代替它。"

孟子说："大王也不要责怪老百姓认为您吝啬。他们只看到您用小的羊去代替大的牛，哪里知道其中的深意呢？何况，大王如果可怜它毫无罪过却被宰杀，那牛和羊又有什么区别呢？"

宣王笑着说："是啊，这一点连我自己也不知道到底是一种什么心理了。我的确不是吝啬钱财才用羊去代替牛的，不过，老百姓这样认为，的确也有他们的道理啊。"

孟子说："没有关系。大王这种不忍心正是仁慈的表现，只因为您当时亲眼见到了牛而没有见到羊。君子对于飞禽走兽，见到它们

活着，便不忍心见到它们死去；听到它们哀叫，便不忍心吃它们的肉。所以，君子总是远离厨房。"

教学活动设计

一、课堂教学

通过讲授、诵读、故事演绎等方法，引领学生品读经典，走近孟子，了解孟子的性善论、仁政及王道思想，形成正确的价值取向，培养学生生活和职业中的人文情怀和文化品位，帮助学生形成高尚的道德情操和君子品格，提高综合素质。

二、课外拓展

1. 结合孟子故里母亲文化节，举办祭奠圣贤经典诵读活动。
2. 观看电影《孟子》，进一步了解孟子的经历和博大思想。
3. 诵读《孟子》中的经典章句。
4. 举办专家讲座，进一步了解孟子的思想，形成正确的价值取向，培养健全的人格。

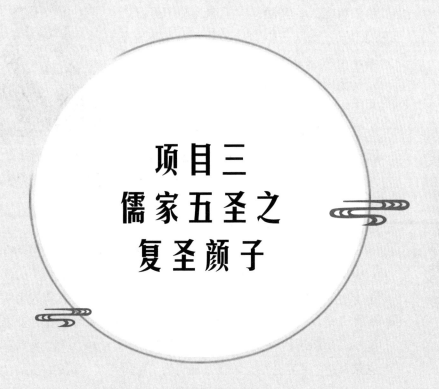

项目三
儒家五圣之
复圣颜子

颜子（公元前521—前481年），春秋末鲁国人。名回，字子渊，孔子最得意的弟子。颜回一生勤奋好学，为人廉洁谦逊，虽然出身贫寒，但从不羡慕富贵，而以贫为安，以贫为乐，又有远大的志向。孔子在人前多次称赞颜回："贤哉，回也！一箪食，一瓢饮，在陋巷，人不堪其忧，回也不改其乐。"（《论语·雍也》）他父亲颜路（颜无繇），也是孔子的学生。颜回比孔子小30岁，29岁时头发白尽，41岁去世。孔子对他的早逝感到极为悲痛，不禁哀叹说："噫！天丧予！天丧予！"（《论语·先进》）

颜回一生虽然没有什么辉煌的政绩和著述，但其思想言行，却对中国传统文化产生过很大影响，并为后世儒家所推崇。历代文人学士对颜回推尊有加，以颜回配享孔子、祀以太牢①，历代帝王封赠有加。自汉代起，颜回被列为七十二贤之首，有时祭孔时独以颜回配享。此后历代统治者不断追加谥号：唐太宗尊之为"先师"，唐玄宗尊之为"兖公"，宋真宗加封为"兖国公"，元文宗又尊为"兖国复圣公"，明嘉靖九年改称"复圣"。《明史·礼志四》："其四配称：复圣——颜子、宗圣——曾子、述圣——子思、亚圣——孟子。"在今天山东省曲阜市陋巷遗址建有复圣庙。

① 太牢，即古代帝王祭祀社稷时，牛、羊、豕（shǐ，猪）三牲全备。

单元一 颜子生平

一、师从孔子

颜回"年十三,入孔子之门"时,孔子聚徒讲学已达13年之久。其声望远播于各诸侯国,其弟子子路、孟懿子、南宫敬叔等在鲁国已小有名气。

颜回刚入孔门时,在弟子中年龄最小,性格又内向,沉默寡言,才智较少外露,有人便觉得他有些愚。颜回的忠厚与内向,掩盖了他的聪颖善思,就连孔子一时也难以断定颜回的天资究竟属于哪个层次。经过一段时间的深入观察了解,孔子才指出颜回并不愚。《论语·为政》记载:"子曰:'吾与回言终日,不违,如愚。退而省其私,亦足以发,回也不愚。'"① 颜回天资极聪慧,就连能言善辩的子贡也坦率地说不敢与颜回相比。《论语·公冶长》记载:"子谓子贡曰:'女与回也孰愈?'对曰:'赐也何敢望回?回也闻一以知十,赐也闻一以知二。'子曰:'弗如也;吾与女弗如也。'"②

颜回聪敏过人,虚心好学,使他较早地体认到孔子学说的精深博大,他对孔子的尊敬已超出一般弟子的尊师之情。他以尊崇千古圣哲之情尊崇孔子,其亲若父与子。《论语·子罕》曰:"颜渊喟然叹曰:'仰之弥高,钻之弥坚。瞻之在前,忽焉在后。夫子循循然善诱人,博我以文,约我以礼,欲罢不能。既竭吾才,如有所立卓

---

① 孔子说:"我向颜回讲授,一整天下来他从不提出异议和疑问,像是蠢笨的样子。我在他回去后考察他日常生活的言行,发现他在现实生活中方方面面的作为都能够发挥我所讲授的知识与经验。颜回啊——他并不蠢笨。"

② 孔子对子贡说:"你和颜回两个相比,谁更好一些呢?"子贡回答说:"我怎么敢和颜回相比呢?颜回他听到一件事就可以推知十件事;我呢,知道一件事,只能推知两件事。"孔子说:"是不如他呀,我与你都不如他。"

尔。虽欲从之，末由也已。'"其大意是，颜回曾感叹地说："老师的道，越抬头看，越觉得它高明，越用力钻研，越觉得它深奥。看着它似乎在前面，等我们向前面寻找时，它又忽然出现在后面。老师的道虽然这样高深和不易捉摸，可是老师善于有步骤地诱导我们，用各种文献知识来丰富我们，提高我们，又用一定的礼来约束我们，使我们想停止学习都不可能。我已经用尽我的才力，而夫子的道依然卓立在我的面前。虽然我想要追随上去，却没有前进的路径了。"所以在少正卯[1]与孔子争夺弟子时，使"孔子之门三盈三虚"[2]，唯有颜回未离孔门半步，因而后人评价说："颜渊独知孔子圣也。"

颜回在其人生的第一阶段，十三岁入孔门，用了大约六年的时间，其学业基本已成。

二、随师周游

颜回在其人生的第二个阶段，约14年的时间随孔子周游列国。

鲁定公十三年（公元前497年），孔子"堕三都"[3]的计划失败，在鲁国推行自己的政治主张已不可能，便离开鲁国，开始周游列国。

颜回与子路随孔子进入卫国后，二人先至卫都帝丘[4]颜浊邹家。颜回与颜浊邹同为小邾子颜友的后人，子路则是颜浊邹的妹夫，彼此一向有往来。颜回与子路告知孔子到卫国来的真实情况，并希望颜浊邹能把孔子一行推荐给卫君。

颜浊邹答应二人的请求，把孔子一行的食宿安排在自己家中，以便早晚求教于夫子。经颜浊邹、蘧伯玉等人的推荐，卫灵公接见

---

[1] 卯（？—前496）是中国春秋时期鲁国的大夫，官至少正，能言善辩，是鲁国的著名人物，被称为"闻人"。少正卯和孔丘都开办私学，招收学生。

[2] 指孔子门下学生多次满了又空，空了又满。孔子的满门弟子，被少正卯讲学所吸引，多次离开孔子之门。形容讲学效果好，影响大。

[3] 春秋时期鲁国孔子执政，堕毁三桓（鲁国公族季孙氏、叔孙氏、孟孙氏）的私邑事件。

[4] 今河南濮阳西南。

了孔子及颜回一行,并按孔子在鲁国所得年俸给粟六万,于是他们从颜浊邹家搬出,自立馆舍居住。颜回随孔子在卫国住了十个月,有人向卫灵公进言说:"如果他们是为鲁国图谋卫国而来,该怎么办?"卫灵公遂派公孙余假暗中监视孔子师徒。孔子恐受其害,便匆忙离开卫国,准备到陈国去。不料途经匡地①时,被匡人围困。

孔子等匆忙离开卫都帝丘时,颜回暂时留在颜浊邹家,以便观察卫国的动向。卫灵公调查清楚孔子一行到卫国并不是鲁国派来的,于是再次接受颜浊邹、蘧伯玉等人的劝谏,请颜回传话,恳请孔子回帝丘。

颜回至匡,见到了被围困的孔子等人。孔子动情地说:"吾以女为死矣。"颜回恭敬地回答道:"子在,回何敢死。"颜回汇报了卫国无意加害夫子的实情,并转达了卫灵公恳请夫子回帝丘,以及卫灵公将在城外恭候夫子,以谢不恭之罪的话。孔子一行重返帝丘,卫灵公果然出城恭迎。

孔子重返帝丘,卫灵公仍给其丰厚的待遇,但不给孔子具体的事做。颜回等人有了较多的时间向孔子请教学问,有时也一同外出考察古迹名胜,研究卫国文化。但在卫国没有实践孔子之道、用孔子之道治理国家的机会,这使孔子一行不得不离开卫国,寻找能用其道的君主。

鲁定公十五年(公元前495年)春,颜回随孔子离开卫国,曾辗转于宋国、晋国、曹国、陈国、蔡国、叶国、楚国之间。据《史记·孔子世家》载,楚王听说孔子一行在陈蔡之间,就派人去聘请孔子。消息传到陈、蔡,两国大夫深恐孔子入楚对己不利,便派兵拦截。孔子师徒最初不了解陈、蔡派兵的意图,为躲避军兵的袭扰,他们只好在旷野中行进,不料陷入了绝粮的境地。为了坚定弟子们的信念,孔子把弟子们叫到身旁,对他们说:"我的主张不对吗?为什么受困在这里?"子路认为,主张不被别人采纳,是由于自身在仁、智方面不到家,所以别人看不起。子贡认为,主张不被采纳,是由于老师把标准定得太高,别人接受不了,应该降低要

---

① 今河南长垣县境内。

求。孔子对子路、子贡的回答不满意，他说："伯夷、叔齐是仁者吧，却饿死首阳山，这说明仁智的人也会不遇时而遭厄运。至于降低标准，迎合世俗，实际是放弃理想，更要不得。"孔子问颜回如何理解。颜回说，老师的主张是伟大的，别人不接受，那是他们的责任。如果我们的"道"没有修好，这是我们的耻辱；我们的"道"已经完善而不被采纳，那是各国掌权者的耻辱。正确的主张不被人家采纳，自己仍坚持下去，这才显出君子的修养。孔子听了颜回的议论，很是高兴，说："好样的，颜氏之子，如果将来你发了财，我愿替你当管家。"从这段故事我们可以看出，颜回无疑是孔子最忠实的支持者，甚至比孔子还要坚定地相信孔子学说的正确性。这样一个人，必然会得到孔子的偏爱。

鲁哀公十一年（公元前484年），颜回38岁，孔子68岁，季康子派使臣公华、公宾、公林带着礼品到卫国来迎接孔子一行归国。从此颜回结束了跟随孔子长达14年的列国周游。

三、颜氏之儒

重归鲁国后，颜回未入仕为官，已年近不惑的他自己讲学授徒，传授儒学六经；通过协助孔子整理古代典籍，逐渐扩大了自己的影响，形成了儒家的一个宗派——颜氏之儒。《韩非子·显学》指出，自孔子死后，儒分八派，"颜氏之儒"是其中的一派。

颜回在学习和弘扬孔子所创立的儒家学说的过程中，总是殚精

竭思，倾注全部心血，再加上"箪食瓢饮"的困苦生活，这种状况严重地损害了他的健康。鲁哀公十四年（公元前481年）夏历八月二十三日，一代儒学宗师颜子不幸病逝，给世人留下了永久的遗憾。由于他的家境十分困难，以至无力按照当时有关礼仪殡葬，最后经他的父亲颜路四处筹措，并在其弟子及同门好友的帮助下，才勉强完成了葬礼。颜回英年早逝，几乎使孔子痛不欲生，连呼："天丧予，天丧予！"

单元二　颜子的主要成就

一、重于立德

说到孔子的学生，大家都知道：孔门弟子三千，贤者七十二。而在这么多人中，最为著名的莫过于颜回了，因为他是孔子最为得意的弟子。在孔子看来，似乎颜回的所思所想，无一不是值得表扬赞赏的。在短短一部《论语》中，关于孔子对颜回的夸奖的记载，就有十几处之多。

孔子曾很有感慨地评价颜回说："我给颜回整天讲学，他从来没有提出不同意见，好像愚笨。但在独处闲居时能反思自己学习所获，也完全发挥他的独到见解，看来颜回并不是愚笨的人。"①并说："颜回有君子的四种品格。实行德义时坚定，接受劝谏时柔顺，得到官禄时戒惧，修养自身时谨慎。"②由此看来，正是颜回的苦学勤奋以及慎思、为孝的品德，才使得孔子曾多次在不同场合从不同角度高度评价颜回。

①《论语·为政》：吾与回言终日，不违，如愚。退而省其私，亦足以发，回也不愚。
②《孔子家语》：回有君子之道四焉。强于行义，弱于受谏，怵于得禄，慎于持身。

从孔子对颜回的表扬中，可以看出颜回的很多优良品德。孔子把门下弟子，按照德行、言语、政事、文学排行，颜回名列德行榜榜首。① 首先，尊师重道。在颜回与孔子的对话中，他从未与老师发生过争执。师生同甘苦共患难，颜回随师周游列国，途中遭遇重重险阻，不离不弃。子曰："吾以女为死矣！"曰："子在，回何敢死？"这也是孔子所提倡和欣赏的尊师。其次，勤奋好学。他居于陋巷而不改好学的乐趣。然后，"不迁怒，不贰过"。自己有什么不顺心的事，不发泄到别人身上，这是难以修成的一种涵养，而知错就改，不重复犯错，也是很高的修养，这两点颜回都做到了。最后，安贫乐道。"贤哉，回也！一箪食，一瓢饮，在陋巷。人不堪其忧，回也不改其乐。贤哉，回也！"这一句足以说明。颜回集众多优点于一身，作为七十二圣贤之首，当之无愧。颜回的精神对历代知识分子影响都极大。

二、仁政思想

据《韩诗外传》载，一次，孔子与颜回、子路等登景山，谈志向。颜回说："愿得小国而相之，主以道制，臣以德化。君臣同心，外内相应。"又说："教行乎百姓，德施乎四蛮，莫不释兵，辐辏乎四门，天下咸获永宁。蝖飞蠕动，各乐其性。进贤使能，各任其事。于是君绥于上，臣和于下。垂拱无为，动作中道，从容得礼。言仁义者赏，言战斗者死。"这番言谈，比较明显地表现了颜回以仁政治天下的社会政治观。其一，他所追求的社会，是君臣一心、衣食富足、四国咸服、天下安宁的无战争和饥饿威胁的社会；其二，实现这个社会理想的途径是"教化"；其三，教化的内容，主要是道、德、义、礼、仁等思想、行为规范。他的这种社会政治观，与他的个人仁德修养有密切关系，含有浓重的理想色彩。

---

① 德行：颜渊、闵子骞、冉伯牛、仲弓。言语：宰我、子贡。政事：冉有、季路。文学：子游、子夏。（《论语·先进》）

三、顺应自然，天人合一

颜回的言行体现了他善于领略天地造化的力量，尊重客观规律，顺应自然，但又重视人的能动性，守道而不移其志。一是，颜回是位同孔子一样有雄心而又积极"入世"的人，他曾自比尧舜，想把社会治理好，希望通过人的努力，达到"无伐善，无施劳"①。在条件不成熟时，能主动退让，待时而行。"用之则行，舍之则藏"②，安贫乐道，于事不争；居陋巷箪食瓢饮不改其乐，把自我化于自然之中。二是，在他的社会理想中有"无为而治"的成分。他曾说过："我愿得遇圣明的君主，帮他施行礼治，以礼乐教育、感化百姓，使他们在城市里不必设防，两国边境不越境，将兵器铸为农器，把军马放到平原大泽中去，百姓们没有怨女旷夫的忧思，国家永没有战争的灾难。"这与老子的小国寡民思想，有许多相似的地方。

单元三　颜子相关的名言典故

一、颜子语录③

1. 尊师

【原文】颜回喟然叹曰："仰之弥高，钻之弥坚。瞻之在前，忽焉在后，夫子循循然善诱人。博我以文，约我以礼。欲罢不能，既竭吾才，如有所立卓尔！虽欲从之，未由也已。"——《论语·子罕》

【大意】颜渊感叹地说："（对于老师的学问与道德），我抬

---

① 出自《论语·公冶长》，大意是不夸耀自己的长处，不表白自己的功劳。
② 出自《论语·述而》，大意是被任用就施展抱负，不被任用就藏身自好。
③ 节选自徐修妹《颜子语录》。

头仰望，越望越觉得高；我努力钻研，越钻研越觉得不可穷尽。看着它好像在前面，忽然又像在后面。老师善于一步一步地诱导我，用各种典籍来丰富我的知识，又用各种礼节来约束我的言行，使我想停止学习都不可能。我已经用尽我的才力，而夫子的道依然卓立在我的面前。虽然我想要追随上去，却没有前进的路径了。"

【原文】颜回曰："子在，回何敢死！"——《论语·先进》

【大意】颜渊说："夫子还活着，我怎么敢死呢？"

2．立德

【原文】颜回曰："人善我，我亦善之；人不善我，我亦善之。"——《韩诗外传》

【大意】颜回说："他人对我友善，我也对他们友善；他人对我不友善，我还是对他们友善。"

【原文】颜回问子路曰："力猛于德，而得其死者，鲜矣！盍慎诸焉？"——《孔子家语·颜回》

【大意】颜回对子路说："勇猛胜过德行的人，能得到正常死亡的人很少，为什么不谨慎些呢？"

【原文】颜回谓子贡曰："吾闻诸夫子，身不用礼，而望礼于人，身不用德，而望德于人，乱也。夫子之言，不可不思也。"——《孔子家语·颜回》

【大意】颜回对子贡说道："我从夫子那里听说，自己不讲礼仪，却希望别人对自己有礼，自身不讲道德，却希望别人对自己有道德，这是不合理的。夫子的这句话，不能不深思啊！"

3．励志

【原文】颜子曰："舜何人也！予何人也！有为者亦若是。"——《孟子·滕文公上》

【大意】颜渊说："舜是什么人，我是什么人，有作为的人也会像他那样。"

【原文】颜回曰："愿无伐善，无施劳。"——《论语·公冶长》

【大意】颜渊说："我愿意不夸耀自己的长处，不表白自己的功劳。"

【原文】颜回曰："回愿得明王圣主为之相，便城郭不治，沟池不凿，阴阳和调，家给人足，铸库兵以为农器，放牛马于原薮，室家无离旷之思，千岁无战斗之患。"——《孔子家语·致思》

【大意】颜渊说："我愿得遇圣明的君主，帮他施行礼治，以礼乐教育、感化百姓，使他们在城市里不必设防，两国边境不越境，将兵器铸为农器，把军马放到平原大泽中去，百姓们没有怨女旷夫的忧思，国家永没有战争的灾难。"

4. 修身

【原文】颜回曰："智者自知，仁者自爱。"——《荀子·子道篇》

【大意】颜渊说："有智慧的人一定是个有自知之明的人，宽厚仁慈的人一定懂得爱自己。"

【原文】颜回曰："君子攻其恶，无攻人之恶。"——《论语·颜渊》

【大意】颜渊说："君子反省自己的缺点，却不攻击别人的缺点。"

【原文】颜回蹴然变色曰："良玉度尺，虽有十仞之土，不能掩其光。良珠度寸，虽有百仞之水，不能掩其莹。夫形，体也；色，心也，闵闵乎其薄也。苟有温良在其中，则眉睫之矣，疵瑕在其中，则眉睫亦不匿之，诗曰：'钟鼓于宫，声闻于外'。言有诸中，必形诸外也。"——《韩诗外传》

【大意】颜渊听了，一下子变了脸色，说："美玉超过一尺，即使有十仞厚的土，也遮掩不住它的光芒；好的珍珠超过一寸，即使有百仞深的水，也遮掩不住它的晶莹。外形是人的身体，脸色却表达人的内心。只要你注意去观察，通过喜怒哀乐，你就会感觉到，其实人的脸皮是很薄的。如果有温和善良蕴蓄在心中，就会通过眉眼表现出来；如果心中有瑕疵，眉眼也无法掩藏它。《诗经》说：'宫中敲击编钟，乐声在宫外就可以听到。'说的是心里蕴蓄的东西，一定会呈现在外表上。"

5. 言传

【原文】仲孙何忌问于颜回曰："仁者一言必有益于智，可得闻乎？"回曰："一言而有益于智莫如豫，一言而有益于仁莫如恕。夫

知其所不可由，斯知其所由矣。"——《孔子家语·颜回》

【大意】仲孙何忌问颜回："如果说一个字，对仁德、智慧都有好处，你能不能说给我听听？"颜回说："说一个字对智慧有好处，莫过于'预'字；说一个字对仁德有好处，莫过于'恕'字。这就是懂得什么该做，什么不该做。"

【原文】宰我谓："三年之丧，日月既周，星辰既更，衣裳既造，百鸟既变，万物既易，黍稷既生，朽者既枯，于期可矣。"颜渊曰："人知其一，莫知其他；但知暴虎，不知冯河。鹿生三年，其角乃堕，子生三年，而离父母之怀，子虽美辩，岂能破尧舜之法，改禹汤之典，更圣人之文，除周公之礼，改三年之丧哉？父母者，天地也。天崩地坏，为三年之丧，不亦宜乎！"——《太平御览》

【大意】宰我说："父母死了，守孝三年太长了吧。太阳、月亮已运行春夏秋冬这样一个周期，星辰的运转已重新开始了，上衣和下衣都已经做成新的了，各种鸟儿已经变化了，天下万物都已变更了，黍、稷已经又生长、收获了，死掉的都已腐烂了，一年的丧期就可以了。"颜渊答道："人们往往只知其一，不知道其他的；只知道暴虎，不知道冯河。小鹿要生长三年后，它的角才会掉下来，小孩子生下来，要过三年后，才能离开父母的怀抱，您即使能言善辩，又怎么能废除先王禹、汤的法典，变更圣人制定的仪式，消除周公的礼乐制度，改变这三年的丧期呢？父母是孩子们的天地啊！父母亡去就好比天崩塌、地下陷，给父母守孝三年的丧期，难道不合适吗？"

6. 报国

【原文】颜回曰："臣闻之鸟穷则啄，兽穷则攫，人穷则诈，马穷则佚，自古及今，未有穷其下而能无危者也。"——《孔子家语·颜回》

【大意】颜回说："我听说，鸟急了会啄人，兽急了会抓人，人走投无路则会诈骗，马筋疲力尽则会逃走。从古至今，没有使手下人陷入困穷而他自己没有危险的。"

【原文】颜回曰:"夫子之道至大,故天下莫能容。虽然,夫子推而行之,不容何病?不容然后见君子。夫道之不修是吾丑也。夫道既已大修而不用,是有国者之丑也。"——《史记·孔子世家》

【大意】颜回说:"夫子的道至大,所以天下不能容。虽然这样,夫子推行您的道就是了,天下不容,又有什么关系呢?不容然后见君子。道之不修,是我的耻辱;道已大修而不为天下所用,那是诸侯的耻辱啊。"

7. 境界

【原文】颜回侍于孔子之侧,闻哭者之声甚哀。子曰:"回也,汝知此何所哭乎?"对曰:"回以此哭声,非但为死者而已,又将有生离别者也。"子曰:"何以知之?"对曰:"回闻桓山之鸟,生四子焉。羽翼既成,将分飞于四海,其母悲而送之,哀声有似乎此,谓其往而不返也。回窃以音知之。"孔子使人问之。果曰:"父死家贫,卖子以葬,与之长决。"子曰:"回也,善于识音矣。"——《孔子家语·颜回》

【大意】颜回在孔子身边侍候,孔子听见有人啼哭,声音非常哀伤。孔子说:"颜回,你知道这是在哭什么吗?"颜回回答说:"我感觉到这种哭泣的声音,不仅仅是为死去的人而哭泣,还有因为将要与生者离别而哭泣呢。"孔子说:"你是怎么知道的?"他回答说:"我曾在桓山听过鸟的叫声,那鸟孵生了四个孩子,羽毛丰满了,翅膀长成了,就要各自分飞到四海了,它们的母亲悲伤地鸣叫着为它们送行,那种哀伤的声音与今天这哭声有相似之处,好像一去不回的样子,我是用同样的哭声类推而知道的。"孔子派人去问哭泣的人,果然说:"家中的父亲死了,家里很贫穷,只好卖掉儿子来安葬父亲,要与儿子从此诀别了。"孔子说:"颜回也是个善于识别声音的人啊。"

【原文】颜回曰:"端而虚,勉而一,则可乎?"——《庄子·内篇》

【大意】颜回说:"为人正直而又谦虚,做事勤勉而又忠实,这样侍候卫君,行吗?"

二、成语典故

【颜回好学】

原典：颜回年二十九，发尽白，蚤死。孔子哭之恸，曰："自吾有回，门人益亲。"鲁哀公问："弟子孰为好学？"孔子对曰："有颜回者好学，不迁怒，不贰过。不幸短命死矣，今也则亡，未闻好学者也。"——《史记·仲尼弟子列传》

颜回二十九岁，头发全白了，很早就去世了。孔子哭得哀痛之至，说："自从我有了颜回这个学生，学生们就更加亲近我。"鲁国国君问孔子："你的学生中谁是最好学的？"孔子回答说："有个叫颜回的最好学，他从不把脾气发到别人的身上，也不重犯同样的错误。不幸年纪轻轻死了，之后再没有发现好学的人了。"

【颜回攫甑】

原典：孔子穷乎陈、蔡之间，藜羹不斟，七日不尝粒，昼寝。颜回索米，得而爨之，几熟。孔子望见颜回攫取其甑中而食之。选间，食熟，谒孔子而进食。孔子佯为不见之。孔子起曰："今者梦见先君，食洁而后馈。"颜回对曰："不可。向者煤炱入甑中，弃食不祥，回攫而饭之。"孔子曰："所信者目也，而目犹不可信；所恃者心也，而心犹不足恃。弟子记之，知人固不易矣。"——《吕氏春秋·审分览·任数》

孔子在陈国和蔡国之间的地方受困，饭菜全无，七天没有吃到

粮食，饿得身体发虚，只好白天也躺着睡觉。颜回去讨米，讨回来后煮饭，快要熟了。孔子看见颜回用手抓锅里的饭吃。一会儿，饭熟了，颜回请孔子吃饭，孔子假装没看见颜回抓饭吃的事情。孔子起来的时候说："刚刚梦见我的先人，我自己先吃干净的饭然后才给他们吃。"颜回回答道："不是那样的，刚刚炭灰飘进了锅里弄脏了米饭，丢掉又不好，就抓来吃了。"孔子叹息道："按说应该相信看见的，但是看见的也不一定可信；应该相信自己的心，自己的心也不可以相信。你们记住，要了解一个人不容易啊。"所以要了解真相很难，要了解一个人更难。

【颜回不仕】

原典：孔子谓颜回曰："回，来！家贫居卑，胡不仕乎？"颜回对曰："不愿仕。回有郭外之田五十亩，足以给飦粥；郭内之田十亩，足以为丝麻；鼓琴足以自娱；所学夫子之道者足以自乐也。回不愿仕。"孔子愀然变容，曰："善哉，回之意！丘闻之：'知足者，不以利自累也；审自得者，失之而不惧；行修于内者，无位而不怍。'丘诵之久矣，今于回而后见之，是丘之得也。"——《庄子》

孔子对颜回说："颜回，你过来！你家庭贫困处境卑贱，为什么不去做官呢？"颜回回答说："不愿意做官。我有城外的五十亩地，足够供给稠粥；城内的十亩土地，足够穿丝麻；弹琴足以自求娱乐，所学先生的道理足以自己感到快乐。我不愿意做官。"孔子改变面容严肃地说："你的愿望好啊！我听说：'知足的人，不以利禄自累；审视自得的人，损失而不忧惧；进行内心修养的人，没有官位而不惭愧。'我诵读这些话已经很久了，现在在颜回身上才看到它，这是我的心得啊！"

【亦步亦趋】

原典：夫子步亦步，夫子趋亦趋，夫子驰亦驰，夫子奔逸绝尘，而回瞠若乎后矣。——《庄子·田子方》

颜回说："老师慢走，我也慢步，老师急走，我也急走，老师快跑,我也快跑;但是老师一溜烟飞奔,那我只好眼巴巴地远远落在后面了。"

当时孔子听了颜回的话,问道:"颜回,你这话是什么意思?"颜回答道:"夫子您谈话我也谈话;夫子您同人争论我也同人争论;夫子您阐述古圣先贤之道我也阐述古圣先贤之道。可是,夫子奔逸绝尘,您有时根本不用开口,而人们却都信服您,这一点我就无法学习,只好瞠乎其后了。"颜回的"亦步亦趋",原来就是跟老师紧紧相随,刻意学习的意思。后来形容步步紧跟别人,或事事模仿别人,就叫"亦步亦趋";赶不上别人,落在后面干瞪眼,就叫"瞠乎其后"。

【颜回坐忘】

原典:颜回曰:"回益矣。"仲尼曰:"何谓也?"曰:"回忘仁义矣。"曰:"可矣,犹未也。"他日复见,曰:"回益矣。"曰:"何谓也?"曰:"回忘礼乐矣!"曰:"可矣,犹未也。"他日复见,曰:"回益矣!"曰:"何谓也?"曰:"回坐忘矣。"仲尼蹴然曰:"何谓坐忘?"颜回曰:"堕肢体,黜聪明,离形去知,同于大通,此谓'坐忘'。"仲尼曰:"同则无好也,化则无常也。而果其贤乎!丘也请从而后也。"——《庄子·大宗师》

孔子的弟子颜回来见孔子,很高兴地对孔子说:"我进步了,老师。"孔子问道:"怎么进步了?"颜回答道:"我忘记仁义了。"孔子说:"好是好,不过还不够啊。"过了一段日子,颜回又来见孔子:"老师，我进步了。"孔子问:"颜回，你怎么进步了?"颜回答道:"颜回忘记礼乐了!"孔子还是说:"好是好，不过还是不够啊。"又过了一段日子，颜回又来拜见孔子说:"老师，我进步了!"孔子问:"颜回，你又怎么进步了?"颜回回答道:"颜回这次'坐忘'了。"这次，孔子很惊叹地问道:"颜回，那么你告诉我，你是怎样'坐忘'的?"颜回恭敬地回答道:"四肢躯体轻松自然，彻底沉下；聪明智慧、思考意念完全忘却，元神离开形体和思想，与大道相通，这就是我做到的'坐忘'。"孔子感叹道:"同大道一致，就不会怀有偏爱了；与变化吻合，就不会死守教条了。颜回你真是得道的大贤者啊!那我孔子也愿意和你一起'坐忘'。"颜回通过忘却仁义、通过忘却礼乐、最后通过"坐忘"，而与大道相通，最后连孔子都愿意和他一起"坐忘"。

【颜回拾金不昧】

颜回的家里很穷，常常连买笔墨纸砚的钱都没有。就这样，颜回还是坚持用功读书，从不懈怠。可是因为他穷，同学们丢了东西总疑心是他偷的，后来也就有人把自己的怀疑告诉了孔子。

孔子听说颜回偷东西，心里半信半疑。为了弄个明白，一天他就带了几个学生到颜回家去，明着说是去拜望老人，实际上他是查看去了。

颜回的母亲和妻子都是忠厚老实的妇女，妻子十分贤惠，人长得也很俊气，见丈夫的老师和同学来了，又是喜又是愁。喜的是老师和同学难得来家，愁的是家里什么也拿不出来，可怎么待客呢!俗话说"急中生智"，她心眼一转，提个筐子出门去了。一出门，就狠了狠心，忍痛把乌黑油亮的头发剪下来一大绺，到了街上把头发卖了，用卖得的钱买了一点酒肉，就回家来了。

晌午，颜回给老师和同学端饭吃，忽然见到又有酒又有肉，他一阵高兴，心想这回可对得起老师和同学了。可是他一转念，心里可就疑惑了：自家穷得没有隔夜粮，又无亲朋可以借贷，哪里有钱买这酒肉呢？越想越觉得解不开，莫不是妻子不规矩吗？越想他越难受，有心马上问问，又怕问起来引起争吵，叫老师听着不好。他只得先把酒肉端给老师和同学们去吃，一面却小声对妻子说了句气话："等客人走了，咱们再算账吧！"妻子摸不着头脑，只是觉得丈夫话中有话，她心里很不好过。

孔子和他的几个弟子，见颜回端出酒肉来，都你看我，我看你，互相递着眼色，意思是说："你看，颜回果不其然是偷东西了，要不，哪儿来的钱买酒肉呢！"颜回见这光景，心里一阵难受。

孔子是一个很讲"礼"的人，据说谁家请他吃饭，不把桌子放正，他不入座；肉不切成四方块，他不吃。颜回家里的日子那么穷，他的母亲和妻子哪里知道那么多的"礼"呀，就没有把肉切成四方块，只切成一大块一大块的。孔子见了这碗肉，认为这是颜回对他不尊重，又加上他这次来就是为了查看颜回的，正好颜回家买了酒肉，他认为这是被他抓住"破绽"，就马上生起气来，大声质问颜回："你买酒肉的钱是从哪里来的？"颜回正为酒肉的事心里不痛快，经孔子这一问，更是什么话也说不出来了。孔子见颜回这个样子，越发怀疑了，一迭连声地责怪颜回，而且说："今后你再不要叫我老师，我也不要你这样的弟子了。"当时连饭也不吃，气冲冲地领着几个学生就走了。

颜回忍住气把老师和同学送走，转回屋就追问他妻子，那买酒肉的钱是怎么来的。他妻子气得说不上话来，眼泪像脱了线的玛瑙一样簌簌地往下掉。她又慢慢地打开了头发让颜回看。颜回一看，妻子少了一大绺头发，心下一愣，才觉得自己太冤枉妻子了。他母亲见到这般光景也气极了，就指着颜回骂起来，还要颜回跪下赔礼。颜回跪下，对他妻子把好话说了一大堆，他妻子才露出笑脸，让他快去对老师和同学说个明白。颜回也想到是老师没弄清楚，就急忙起身出门追赶孔子去了。

孔子和他的几个学生，一肚子不高兴，正走得不起劲儿，听后面老远有人喊，一听，原来是颜回。孔子也没叫学生停下来，只从怀中掏出一串钱扔在地上，又折了根树枝在地面上划了几个字："天赐颜回一串钱。"那几个学生问："师傅，这是为了什么呀？"孔子说："我还要试试颜回的心哩！我们回头看看，他见到这串钱怎么办吧。"

颜回只顾往前看，没留神让那串钱给绊了一跤，他爬起来，看到是一串钱，又看到一行字，认得那是老师写的，心里就全明白了。平日间他不爱掉眼泪，可现在忍不住流泪了，他心想："唉，我颜回再穷也不捡这不明不白的钱啊！"想着，擦了擦眼泪，顺手抹去了孔子划的字，又在旁边划了几个字："颜回虽穷有志气，非礼不取半分文。"写罢，又往前赶去了。

孔子和他的几个学生把眼前的事看得一清二楚，那几个学生要去接颜回，孔子说："等等，得问问他买酒的钱是从哪里来的？"

等颜回气喘吁吁地追上了孔子，孔子还是爱答不理，直到颜回把妻子为了款待老师和同学剪了头发卖掉买酒菜的事一五一十告诉了孔子，孔子才感到自己的确太冤枉颜回了，觉得实在对不起弟子颜回，也有负于颜回的妻子和母亲的一片好心。他上前拉着颜回的手说："你还是跟我去读书吧！"

颜回仍然跟着孔子读书去了。

教学活动设计

一、课堂教学

通过讲授、诵读、故事演绎等方法，引领学生品读经典，走近颜子，了解颜子尊师重道、谦虚好学和安贫乐道的高尚品格，形成正确的价值取向，培养学生生活和职业中的人文情怀和文化品位，帮助学生形成高尚的道德情操和君子品格，提高综合素质。

二、课外拓展

1. 结合颜子诞辰祭祀大典，举办祭奠圣贤经典诵读活动。

2. 观看电影《孔子》，进一步了解颜子师从孔子的经历及对其影响。

3. 诵读颜子语录。

4. 举办专家讲座，进一步了解颜子的思想，形成正确的价值取向，培养健全的人格。

项目四
儒家五圣之
宗圣曾子

项目四 儒家五圣之宗圣曾子

被后世尊称为中国历史上五大圣人的"至圣孔子、复圣颜子、宗圣曾子、述圣子思子、亚圣孟子"都诞生在齐鲁大地上,他们共同开创了影响中国和人类文化历史进程的儒家思想。在山东嘉祥县曾子庙前门坊上,至今保留着两块匾额——"一贯心传""三省自治",记载着曾子这位孔子学说的主要传播者的贡献。在"孔子、曾子、子思、孟子"这个儒学传承脉络中,曾子是承上启下的人物。

曾子(公元前505—前435年),名参,字子舆,春秋末年鲁国南武城①人。16岁拜孔子为师,勤奋好学,颇得孔子真传。一生积极实践和推行以"仁孝"为核心的儒家主张,传播儒家思想。相传曾子编《论语》、著《大学》、写《孝经》、著《曾子》。他的修齐治平的政治观、省身慎独的修养观、以孝为本的孝道观影响中国两千多年,至今仍具有极其宝贵的社会意义和实用价值,是当今建设和谐社会的丰富的思想道德源泉。

孔子说:"孝是道德修养的基础,悌是道德修养的开头,信是道德修养的拓展,忠是道德修养的重点。曾参具备以上四点!"被孔子誉为"四德"之人的曾参,如今已成为越来越多的人心中的圣人。在山东济宁市嘉祥县城南建有宗圣庙,是后人祭奠曾子的地方。

① 今山东嘉祥县。

单元一　曾子生平

一、夏禹之后

被后世尊奉为"宗圣"的曾子,其最早的祖先可追溯到轩辕黄帝。黄帝的后裔中有夏后氏,姒姓,戎人。因此《潜夫论·五德志》中就把夏禹称作戎禹。夏后氏南下,到了黄河中下游,后来便出现了夏禹治水的故事。禹治水有功,舜将部落联盟首领之位禅于禹,其后裔姒姓便在东海(即山东一带)繁衍生息起来。《说文》:"姒,禹之后。""国在东海。"《姓氏急就篇》载:"曾氏出于鄫,姒姓。"禹的第五代孙少康封他的小儿子曲烈于鄫地,建立鄫国。鄫国故址,在今山东省苍山县西北,原名"缯邑",以当地多产丝织品而得名。鲁襄公六年(公元前567年)邻近的莒国灭掉了鄫国,鄫太子巫无家可归,在远离莒国的鲁国南武城居住下来。鄫太子巫的曾孙叫曾点,字皙,他就是曾子的父亲,是孔子的早期弟子之一。

曾点在孔子的学生中属于狂者,即敢说敢为,不拘小节。鲁国执政大夫季武子死时,曾点吊唁,倚在他家门上唱歌,被称为"鲁之狂士"。曾点在谈论志向时,将他的性格特征表现得淋漓尽致。据《论语·先进篇》载,他和子路、冉有、公西华坐侍于孔子旁谈论各自的志趣,当孔子问曾点时,曾点道:"晚春的时候,穿上春天的服装,约上五六个成年人,带上六七个小孩子,在沂水里洗洗澡,到舞雩台上吹吹风,然后一路唱着歌儿走回来。"孔子叹曰:"吾与点也。"对曾点的想法大加赞赏。曾点描绘出了一个升平祥和的大同世界,因而孔子表示赞同。曾子的母亲上官氏是位勤劳善良的家庭妇女,一生织布、操劳家务,对曾子非常慈爱。曾点夫妇教子有方,成效显著,曾参学有成就和他们的教育有密切关系。

二、师从孔子

曾子17岁那年,曾点认为曾子需要进一步深造,便决定让儿子去求学于孔子。于是,曾子从鲁国南武城出发,经陈国到楚国追上孔子,成为孔子的学生。孔子对曾子的第一印象是"参也鲁",也就是说曾子比较质朴、憨厚。

曾子学习的最大特点是勤学好问。他说:"君子爱日以学,及时以行,难者弗辟,易者弗从,唯义所在。日旦就业,夕而自省,思以没其身,亦可谓守业矣。"他对遇到的事理千方百计地弄明白,他曾说:"不能则学,疑则问,欲行则比贤,虽有险道,循行达矣。"每次在孔子身旁,必然提出问题,凡是吉、凶、军、国的礼仪,常规和权变的方法,没有不问个究竟的。《礼记》中有篇《曾子问》,记述曾子一次向孔子请教就达四十多问。曾子不仅善于向老师请教,还善于向师兄们学习,一旦发现自己的看法、做法不妥,就立即认错改正。通过刻苦的学习和实践,曾子对孔子思想的实质有了深刻的理解。

颜回是孔子的一位品学兼优的学生,曾子处处以他为榜样,直到颜回去世以后,曾子对他的优点仍念念不忘:"自己有才能却向没有才能的人请教,自己知识多却向知识少的人请教,有学问却像没学问一样;知识很充实却好像很空虚;被人侵犯却也不计较——从前我的朋友就这样做过了。"①这位朋友就是指的颜回,其实颜回做到的,曾子也都照着做到了。曾子还非常注重交友,他把交友作为提高自身素质的一条重要途径。他说:"君子以文章学问来结交朋友,依靠朋友帮助自己培养仁德。"②曾子通过强化自身修养,道德品质也有了很大提高。

鲁哀公十六年(公元前479年),孔子病故。孔子去世前,把

---

① 出自《论语·泰伯》:以能问于不能;以多问于寡;有若无,实若虚,犯而不校。昔者吾友尝从事于斯矣。

② 出自《论语·颜渊》:君子以文会友,以友辅仁。

曾子叫到跟前，把孙子孔伋（子思）托付给曾子。孔子去世后，曾子与同学们一起心丧①三年。曾子经常与同学们一起回顾孔子的教导，研究孔子的思想。

三、设教讲学

曾子一生从事的主要事业是讲学。他从二十三四岁就开始在其家乡南武城招收弟子，把从孔子那里学到的知识传授给他们。38岁时，受武城大夫所聘，设教于武城。曾子40岁时来到卫国，一待就是10多年，主要工作还是教学。曾子在年老时，从卫国回到家乡南武城，继续设教讲学。

曾子教授学生的一个重要特点，就是原原本本地传授孔子的教导。例如，一次曾子对他的学生子襄讲什么是勇敢，就直接引用孔子的话。他说："你崇尚勇敢吗？我曾经听孔子说过大的勇敢，反躬自问而不退缩，虽然是平民，我也不恐惧；反躬自问而退缩，虽然有千万人，我也前往。"②

曾子教授学生的另一个特点，就是注意教学相长。公明宣向曾子学习，三年却没有读过书。曾子说："宣呀，你在我这里三年了，却不学习，这是为什么呢？"公明宣回答："我哪敢不学习呢？我见您在家中，因为有父母在，对狗马也不大声呵斥，我由衷钦佩，尽力地学，只是没能学好；我见您接待宾客，恭敬俭约，从不轻慢，我由衷佩服，尽力地学，只是没能学好；我见您身为朝廷重臣，对

---

① 古时谓老师去世，弟子守丧，身无丧服而心存哀悼。后泛指无服或释服后的深切悼念，有如守丧。

② 出自《孟子·公孙丑上》：子好勇乎？吾尝闻大勇于夫子矣：自反而不缩，虽褐宽博，吾不惴焉；自反而缩，虽千万人，吾往矣。

下属要求很严，却从不伤害他们，我由衷地佩服，尽力地学，只是也没能学好。我深为佩服您这些品德，虽然学了，却都没能学好。我哪里敢不好好学习，而白白地在您门下做学生呢？"曾子听了，站起身，表示歉意地说："我还不如您会学习呢！"①

曾子教授学生还有一个特点，就是抓住一切机会对学生进行思想和道德教育。《大戴礼记·曾子制言上》记载，曾子有个学生将要到晋国去，对曾子说，晋国没有我熟悉的人。曾子说："君子坚持仁爱，坚定志向，先做后说，千里之外都是兄弟。假如你不这样做，那么即使是你的亲人，那又有谁肯亲近你呢！"曾子直至临终时也没有忘记对学生和自己的儿子进行教导。

曾子一生忠于孔子思想，直到晚年仍为推行和实践孔子思想做着不懈的努力，做出了老年著书、病中教徒（子）、守礼至终三件有影响的事，实践了自己"死而后已"②的诺言。

单元二　曾子的主要成就

曾子主张以"孝恕忠信"为核心的儒家思想，他的修齐治平的政治观、内省慎独的修养观、以孝为本的孝道观至今仍具有极其宝贵的社会意义和实用价值。

一、内省慎独的修养观

曾参对儒学文化思想的突出建树，或者说较之其他孔门弟子不同而独到的成就，就是修养与孝道。孔子曰："参也鲁。"鲁即鲁

---

① 出自《说苑·反质》。
② 《论语·泰伯》中曾子说的一句话，原文为"士不可以不弘毅，任重而道远。仁以为己任，不亦重乎？死而后已，不亦远乎？"

钝、迟缓。也就是说与其他弟子相比，曾参比不上颜渊的深沉，比不上宰予、子贡的雄辩，也不如子张那样的急于求成、子游的雄伟博大，以及子夏的一字一板，而是顺着自己的天资，小心翼翼、兢兢业业，执着地"苦行"一番修养功夫。

曾参曰："士不可以不弘毅，任重而道远。仁以为己任，不亦重乎？死而后已，不亦远乎？"这说明修养的奋斗目标和所维系的中心思想是仁，是立仁、行仁。其任重道远，必须具备宏大坚毅之志，自强不息，死而后已！如果仁德和官禄发生矛盾而不能兼得时，是要仁德而不要官禄的。如曾参说："晋国和楚国的财富，没有人赶得上。不过，他有他的财富，我有我的仁；他有他的爵位，我有我的义。我有什么不如他的呢？"①为维护和实现仁德的崇高理想，甚至可以牺牲自己的生命。因此，曾参具有为这种信念斗争到底的大丈夫之勇的精神气概。他说得很明白，如果正义不在我方，纵然对方是卑贱者，我也不去欺侮人家；如果正义在我方，纵然对方是个千军万马的高贵者，也要毫不畏惧地和他拼杀到底。与那种狭隘的匹夫之勇、明哲保身相比，曾参这种仁德之勇、信念之勇的大丈夫气概及其修养精神，显然是高出一等并为人们所称道的。

1. "反求诸己"的内省意识

曾子常常思考自己的不足之处，对自己的言行要求很高。曾参曰："吾日三省吾身，为人谋而不忠乎？与朋友交而不信乎？传不习乎？"这里的"三"是"多"的意思，"省"是指内省反思或自我检查。也就是说曾子不仅要求人们小心谨慎行事，而且还提倡每天要多次进行自我检查，看一看自己的言行有哪些不当之处，以便及时纠正。必须明确，他检查的，绝不仅仅限于这里所说的"忠""信""习"的问题，而是各方面都要反省。不从外部客观找原因，而从主观内因找差距。这种不待别人指点或指责，主动自觉地审视自己，即朱

---

① 出自《孟子·公孙丑下》：晋楚之富，不可及也；彼以其富，我以吾仁；彼以其爵，我以吾义，吾何慊乎哉？

熹总结的"反求诸己"[①]的精神，正是曾参修养的基本出发点和难能可贵之处。

2. 正心诚意的慎独功夫

正是基于上述那种"反求诸己"的内省意识，必然在修养方法上强调讲求"慎独"功夫。所谓"慎独"，就是当别人不在（或不知）而自己单独处理事情时，也不要做损人利己或伤天害理的事情，时时处处都要符合儒家的各种道德规范。《大学·释诚意》记载了曾子自律："许多双眼睛看着，许多根手指指着，这难道不令人畏惧吗？财富可以装饰房屋，品德却可以修养身心，使心胸宽广而身体舒泰安康。所以，品德高尚的人一定要使自己的意念真诚。"即使别人不在，也仍然好像大家都在看着指着一样谨慎处事。只有这样才能心底坦然，而要做到这一点，就必须"诚其意"，就必须从日常细微做起，从所谓"涓涓细流"做起。往往常人心目中一些微不足道的事情，在尽礼守约的曾参看来，却有着丝毫不可低估的意义，扎扎实实的道德生活正寓于此中。他晚年生病时说："鸟快死了，它的叫声是悲哀的；人快死了，他说的话是善意的。君子所应当重视的道有三个方面：使自己的容貌庄重严肃，这样可以避免粗暴、放肆；使自己的脸色一本正经，这样就接近于诚信；使自己说话的言辞和语气谨慎小心，这样就可以避免粗野和悖理。"所谓动容貌、正色、出辞气等项目，想必是日常生活中最简单的事情，却作为君子修行要道。这说明，道德修养全然是自我之事，做人之本，是每一个人都应当身体力行注重培养的。甚至在他弥留于人世的一刻间，当发现身下铺着鲁大夫季孙氏送的席子时，想自己一辈子没做过大夫，不应该铺，执意叫儿子换掉。可见，这种反求诸己、尽守礼约、一丝不苟的精神已登峰造极。

[①] 出自《孟子·离娄上》：行有不得者，皆反求诸己，其身正而天下归之。指遇到挫折时切莫责怪他人，而应先反过来从自己身上找出问题的症结，并努力加以改正。

二、修齐治平的政治观

孔子是以政治为轴心，以伦理道路为本位，来构筑其"仁"学体系的。孔门弟子概莫能外。曾参为孔子的后进弟子，入学时间晚，天资鲁钝，其思想成熟的时间落后于其他弟子，但另一方面，他具有更深邃、更有耐力的特点。特别是孔子去世后，曾参独立生活实践的几十年间慢慢消化夫子的教诲，结合自己的经验所得，从而对孔子学说的某些方面予以推进。

被列为"四书"之首的《大学》，开宗明义提出了三纲八目："古之欲明明德于天下者，先治其国；欲治其国者，先齐其家；欲齐其家者，先修其身；欲修其身者，先正其心；欲正其心者，先诚其意；欲诚其意者，先致其知。致知在格物。格物而后知至，知至而后意诚；意诚而后心正，心正而后身修，身修而后家齐，家齐而后国治，国治而后天下平。"

"至善"既是道德修养的最高境界，也是政治上的最终理想。"诚意、正心、修身"是道德修养，"齐家，治国，平天下"是政治实践。通过道德修养实现政治抱负，道德与政治水乳交融，正是儒家思想以至中国传统文化的一个重要特征。

三、以孝为本的孝道观

"夫孝者，天下之大经也。夫孝，置之而塞于天地，衡之而衡于四海，施诸后世而无朝夕，推而放诸东海而准，推而放诸西海而准，推而放诸南海而准，推而放诸北海而准。"在曾子看来，孝普遍地存在于宇宙之中，是世界上最普遍、最永恒的道德，也是其他一切道德的基础。他把孝看作高于一切的东西，突出了孝在人伦关系中的重要作用，把孝作为统领一切人伦道德的根本、个人道德行为的价值准则及修身齐家治国平天下的基本纲领。

曾子孝论主要包含三个层次：第一层是养亲。父母为抚育儿女成人，历尽艰辛，备尝酸咸苦辣；子女成人后则当尽其所能供养双亲，使父母在物质生活上尽可能得到满足，这是曾子孝论最低限度的要求。《新语·慎微》记载曾子早晚都问候照顾父母，冷暖饮食等无微不至："曾子孝于父母，昏定晨省，调寒温，适轻重，勉之于糜粥之间，行之于衽席之上，而德美重于后世。"曾子曾说："吾及亲仕，三釜而心乐；后仕，三千钟而不洎，吾心悲。"乐与不乐，就在于能否奉养、敬爱父母。若能，虽禄不过钟釜，犹欣欣而喜；若不能，则虽堂高九仞、禄富三千钟，也无法有真正的快乐，因为父母既殁，他们再也不能享受这种成果，自己纵有高官厚禄，也无法再对父母尽孝。

第二层是敬亲。敬亲是指建立在自然情感基础上的敬爱之心。在曾子思想中，养父母之养不仅仅是养其口体，更要敬其心志。他说："孝之养老也，乐其心，不违其志；乐其耳目，安其寝处，以其饮食忠养之，孝子之身终。"乐其心者，即要让父母心情愉悦，尊敬父母的意愿，不违背他们的意志。乐其耳目者，就是要照顾好父母的饮食起居，使他们的身心愉快。曾子在这里特别强调了一个"忠"字，是要以诚敬之心对待父母的意思。故曾子又说："君子之所谓孝者，先意承志，谕父母以道。"他认为，孝的精神是敬，而敬则要求"先意承志"，即尊敬并且继承父母的意志。

三是敬体。我们的生命是父母生命的延续，我们的身体也是父母身体的延续，珍惜自己的生命，爱惜自己的身体，就是对父母起码的孝敬。"敬体"不仅是对父母身体的担忧和敬重，还包括了对自己身体的敬重，如果损残了自己的身体那等同于对父母身体的损伤和不孝。基于这一生命理论，"残伤身体"也就是残伤父母之身体，自然也是一种不孝行为。"身体发肤,受之父母,不敢毁伤。"曾子直到老的时候都在小心注意自己的身体不受毁伤,快要死的时候见自己的身体保存完好才放心。

单元三　曾子相关的名言典故

一、曾子语录

1. 学习篇

【原文】君子既学之,患其不博也;既博之,患其不习也;既习之,患其无知也;既知之,患其不能行也;既能行之,患其能让也。君子之学,致此五者而已矣。——《大戴礼记·曾子立事》

【大意】君子学习圣贤教诲后,唯恐自己所学不渊博;所学的教诲渊博了,唯恐自己不能时时温习;已经温习了,唯恐自己不能够理解;已经理解了,唯恐自己不能按照道理去落实;已经按照道理落实了,又唯恐自己做不到谦虚退让。君子求学,若能做到这五个方面就行了。

【原文】大学之道,在明明德,在亲民,在止于至善。——《礼记·大学》

【大意】大学的宗旨在于弘扬光明正大的品德,在于使人弃旧图新,在于使人达到最完善的境界。

【原文】知止而后有定,定而后能静,静而后能安,安而后能虑,虑而后能得。——《礼记·大学》

【大意】知道应达到的境界才能够志向坚定;志向坚定才能够

镇静不躁；镇静不躁才能够心安理得；心安理得才能够思虑周详；思虑周详才能够有所收获。

【原文】物格而后知至，知至而后意诚，意诚而后心正，心正而后身修，身修而后家齐，家齐而后国治，国治而后天下平。——《礼记·大学》

【大意】通过对万事万物的认识、研究后才能获得知识；获得知识后意念才能真诚；意念真诚后心思才能端正；心思端正后才能修养品性；品性修养后才能管理好家庭和家族；管理好家庭和家族后才能治理好国家；治理好国家后天下才能太平。

【原文】君子攻其恶，求其过，强其所不能，去私欲，从事于义，可谓学矣。——《大戴礼记·曾子立事》

【大意】君子要祛除他的不好的方面，查找自己的过失，增强自己的薄弱环节，去掉偏爱的欲望，见到义举就跟着去做，就可称得上会学习了。

2. 待人篇

【原文】君子己善，亦乐人之善也；己能，亦乐人之能也；己虽不能，亦不以援人。——《大戴礼记·曾子立事》

【大意】君子自己善良，也喜欢别人善良；自己能干，也喜欢别人能干。自己虽不能干，也不要攀求别人援助。

【原文】君子好人之为善，而弗趣也；恶人之为不善，而弗疾也。疾其过而不补也，饰其美而不伐也，伐则不益，补则不改也。——《大戴礼记·曾子立事》

【大意】君子喜欢别人为善，但不要趋炎附势；讨厌别人不为善，但也不要疾恶如仇。君子讨厌有过错而不要去小修小补，装饰自己美德而不自我夸耀，自我夸耀就不会再有进步了，小修小补过错就不会改正了。

【原文】君子不先人以恶，不疑人以不信，不说人之过，成人之美，存往者，在来者，朝有过夕改则与之，夕有过朝改则与之。——《大戴礼记·曾子立事》

【大意】君子不事先认为人家不好，不用不信任的眼光猜忌人，不宣扬别人的过失，并成全人家的好事，体恤以往的过错，察看以后的行动，早晨有过失晚上改正就要赞许，晚上有了过错次日早晨改正同样应该赞许。

【原文】无内人之疏而外人之亲，无身不善而怨人，无刑已至而呼天。内人之疏而外人之亲，不亦反乎？身不善而怨人，不亦远乎？刑已至而呼天，不亦晚乎？——《荀子·法行》

【大意】不要不亲近家人而亲近外人，不要自己不好而怨恨别人，不要遭受刑罚才呼喊上天。不亲近家人而亲近外人，这不是违背常理吗？自己不好而怨恨别人，不是舍近求远了吗？遭受到刑罚时才呼喊上天，不是后悔已经晚了吗？

3. 处事篇

【原文】君子祸之为患，辱之为畏，见善恐不得与焉，见不善者恐其及己也。——《大戴礼记·曾子立事》

【大意】君子把灾祸看做可怕的事，把侮辱看做可畏的事。看到善事，怕的是自己不能参与；看到不善的事，唯恐自己也会做同样的事。

【原文】君子见利思辱，见恶思诟，嗜欲思耻，忿怒思患，君子终身守此战战也。——《大戴礼记·曾子立事》

【大意】君子见到利益就要想到由此而可能引起对名声的损害，见到不好的事就要想到由此而可能带来的指责，贪恋情欲就要想到由此可能产生的耻辱，生气恼怒就要想到由此控制不住而可能发生的祸患，君子应终生为遵守好这一条而战战兢兢。

【原文】太上乐善，其次安之，其下亦能自强。仁者乐道，智者利道，愚者从，弱者畏。不愚不弱，执诬以强，亦可谓弃民矣。——《曾子·子思子》

【大意】最上的境界是乐于行善，其次是安于行善，其下是在行善中自强。仁者以大道为乐，智者从大道中获利。愚者随从大道，弱者畏惧大道。既不是愚者也不是弱者，却要背弃大道强行，

这种人可以说是为人所弃之人。

【原文】人非人不济,马非马不走,土非土不高,水非水不流。——《大戴礼记·曾子制言上》

【大意】人没有别人的帮助就不能成功,马离开马群就很难奔驰,土堆不增添新土就不再增高,水不增加新水就不会流动。

4. 自省篇

【原文】吾日三省吾身:为人谋而不忠乎?与朋友交而不信乎?传不习乎?——《论语·学而》

【大意】我每天多次反省自己:替别人办事是不是尽心竭力了呢?同朋友交往是不是诚实可信了呢?老师传授的知识是不是复习了呢?

【原文】君子所贵乎道者三:动容貌,斯远暴慢矣;正颜色,斯近信矣;出辞气,斯远鄙倍矣。——《论语·泰伯》

【大意】君子所应当重视的道有三个方面:使自己的容貌庄重严肃,这样可以避免粗暴、放肆;使自己的脸色一本正经,这样就接近于诚信;使自己说话的言辞和语气谨慎小心,这样就可以避免粗野和悖理。

【原文】诚于中,形于外,故君子必慎其独也。——《礼记·大学》

【大意】内心的真实一定会表现到外表上来。所以,品德高尚的人哪怕是在一个人独处的时候,也一定要谨慎。

【原文】十目所视,十手所指,其严乎?——《礼记·大学》

【大意】许多双眼睛看着,许多双手指着,这难道不令人畏惧吗?

【原文】富润屋,德润身,心广体胖,故君子必诚其意。——《礼记·大学》

【大意】财富可以装饰房屋,品德却可以修养身心,使心胸宽广而身体舒泰安康。所以,品德高尚的人一定要使自己的意念真诚。

【原文】心不在焉,视而不见,听而不闻,食而不知其味。此谓修身在正其心。——《礼记·大学》

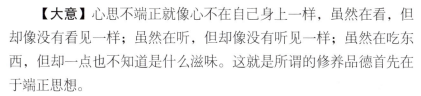

【大意】心思不端正就像心不在自己身上一样，虽然在看，但却像没有看见一样；虽然在听，但却像没有听见一样；虽然在吃东西，但却一点也不知道是什么滋味。这就是所谓的修养品德首先在于端正思想。

【原文】君子有诸己而后求诸人，无诸己而后非诸人。所藏乎身不恕，而能喻诸人者，未之有也。——《礼记·大学》

【大意】品德高尚的人，总是自己先做到，然后才要求别人做到，不该做的自己先不做，然后才要求别人不这样做。不采取这种推己及人的恕道，而想让别人按自己的意思去做，那是不可能的。

5. 交友篇

【原文】君子以文会友，以友辅仁。——《论语·颜渊》

【大意】君子以文章学问来结交朋友，依靠朋友帮助自己培养仁德。

【原文】亟达而无守，好名而无体，忿怒而为恶，足恭而口圣，而无常位者，君子弗与也。——《大戴礼记·曾子立事》

【大意】急于求通达而不讲操守，爱好虚名而无实体，忿怒而作恶，十足的恭顺，口诵圣人之言而没有恒常之德，这些是君子所不赞成的。

【原文】目者，心之浮也；言者，行之指也；作于中则播于外也。——《大戴礼记·曾子立事》

【大意】眼神是内心的浮现，言论是行动的表示，内心有活动在外就有表现。

【原文】听其言也，可以知其所好矣；观说之流，可以知其术也；久而复之，可以知其信矣；观其所亲爱，可以知其人矣。——《大戴礼记·曾子立事》

【大意】听了他说的话，就可以知道他的爱好；看他喜欢什么，就可以知道他的心术想法；长期考求他的言论，就可以知道他诚实不诚实；看他亲近热爱什么样的人，就可以知道他是什么样的人。

【原文】君子执仁立志，先行后言，千里之外皆为兄弟。苟是之不为，则虽汝亲，庸孰能亲汝乎！——《大戴礼记·曾子制言上》

【大意】君子坚持仁爱，成就德行，先做后说，千里之外都是兄弟。假如你不这样做，那么即使是你的亲人，那又有谁肯亲近你呢！

【原文】与君子游，苾乎如入兰芷之室，久而不闻，则与之化矣；与小人游，贷乎如入鲍鱼之肆，久而不闻，则与之化矣。是故，君子慎其所去就。——《大戴礼记·曾子疾病》

【大意】与君子交往，芳香就好像进了存放兰芷的房间，时间长了就闻不到它的香味了，这是与它同化了；与没有德行的人交往，腥臭就好像走进存放鲍鱼的地方，时间长了就闻不到它的臭味了，这同样是与它同化了。因此，君子要慎重地选择他到什么地方去。

【原文】好而知其恶，恶而知其美者，天下鲜矣！故谚有之曰："人莫知其子之恶，莫知其苗之硕。"此谓身不修不可以齐其家。——《礼记·大学》

【大意】喜爱这个人而能知道他的缺点，厌恶一个人而能知道他的优点，世上少有。所以有句谚语说："没有一个人知道自己儿子的毛病，没有一个人认为他的庄稼长得已经够好了。"这就叫做自身的修养不搞好也就难以管理好家庭。

6. 立节篇

【原文】可以托六尺之孤，可以寄百里之命，临大节而不可夺也。君子人与？君子人也。——《论语·泰伯》

【大意】可以把年幼的君主托付给他，可以把国家的政权托付给他，面临生死存亡的紧急关头而不动摇屈服。这样的人是君子吗？是君子啊！

【原文】士不可以不弘毅，任重而道远。仁以为己任，不亦重乎？死而后已，不亦远乎？——《论语·泰伯》

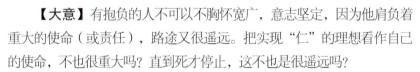

【大意】有抱负的人不可以不胸怀宽广，意志坚定，因为他肩负着重大的使命（或责任），路途又很遥远。把实现"仁"的理想看作自己的使命，不也很重大吗？直到死才停止，这不也是很遥远吗？

【原文】临惧之而观其不恐也，怒之而观其不惛也，喜之而观其不诬也，近诸色而观其不逾也，饮食之而观其有常也，利之而观其能让也，居哀而观其贞也，居约而观其不营也，勤劳之而观其不扰人也。——《大戴礼记·曾子立事》

【大意】面对恐吓才能看出他心情的坦然，面对谴责才能看出他思绪的沉稳，快乐的时候才能看出他并不狂妄，接近美色才能看出他恪守礼法，吃喝的时候才能看出他讲求纲常，面对利益才能看出他的礼让，悲痛的时候才能看出他的坚贞，贫困的时候才能看出他不被金钱利禄所迷惑，辛苦劳作的时候才能看出他不被人所干扰。

【原文】君子进则能达，退则能静。岂贵其能达哉，贵其有功也；岂贵其能静哉，贵其能守也。——《大戴礼记·曾子制言中》

【大意】君子为官就能通达，退隐就能静养。难道看重他的通达吗？看重的是他有功；难道是看重他的静养吗？看重的是他能坚持操守。

【原文】君子进则能益上之誉，而损下之忧；不得志，不安贵位，不博厚禄，负耜而行道，冻饿而守仁，则君子之义也。——《大戴礼记·曾子制言中》

【大意】能够参与治国就增益国君的声誉，并减少百姓的忧愁；如果推行仁政的愿望不能实现，就不要安居高位，不去讨取丰厚的俸禄，就是当普通百姓也要推行正确的主张，挨冻受饿也要坚持仁德，这就是君子的义。

【原文】君子不假贵而取宠，不比誉而取食，直行而取礼，比说而取友。——《大戴礼记·曾子制言中》

【大意】君子不靠向地位高的人乞求而得到宠爱，不靠亲近好名声的人而求取俸禄，要靠走正道而获得礼遇，要从相互喜爱的人中寻求朋友。

7. 孝道篇

【原文】是何言与！是何言与！君子之所谓孝者，先意承志，谕父母以道。参直养者也，安能为孝乎！——《大戴礼记·曾子大孝》

【大意】这是什么话？这是什么话？古代的君子所说的孝子，父母没有发话就能知道他们的意思，而且能引导父母，使父母明白更多的道理。要仅仅是赡养，那怎么能算孝呢？

【原文】故烹熟鲜香，尝而进之，非孝也，养也。君子之所谓孝者，国人皆称愿焉，曰："幸哉！有子如此！"所谓孝也。——《大戴礼记·曾子大孝》

【大意】烹调鲜美的食物，品尝后奉献给父母，这不是孝，是供养。君子所说的孝，是让一国的人都称赞羡慕，说："真幸运啊！有这样好的儿子。"这就是所说的孝。

【原文】身体发肤，受之父母，不敢毁伤，孝之始也；立身行道，扬名于后世，以显父母，孝之终也。夫孝，始于事亲，中于事君，终于立身。——《孝经》

【大意】人的身体四肢、毛发皮肤，都是父母赋予的，不敢予以损毁伤残，这是孝的开始。人在世上遵循仁义道德，有所建树，显扬名声于后世，从而使父母显赫荣耀，这是孝的终极目标。所谓孝，最初从侍奉父母开始，然后效力于国君，最终建功立业，功成名就。

【原文】事父可以事君，事兄可以事师长，使子犹使臣也，使弟犹使承嗣也。能取朋友，亦能取所予从政者矣。——《曾子·立事》

【大意】能侍奉父亲就可以侍奉君王，能侍奉兄长就可以侍奉师长，使用儿子犹如使用大臣，使用弟弟犹如使用长子，能得到朋友，也就能够获得给予从政机会的君王的赏识。

二、成语典故

【啮指心痛】

原典：曾参，字子舆，孔子弟子，事母至孝。参尝采薪山中，家有客至，母无措。参不还，乃啮其指。参忽心痛，负薪以归。跪问其母，母曰："有急客至。吾啮指以悟汝尔。"诗曰：母指才方啮，儿心痛不禁。负薪归未晚，骨肉至情深。——《二十四孝》

曾参，姓曾名参，字子舆，孔子弟子，对母亲极其孝顺。有一天，曾子进入深山砍柴，家中来了客人，母亲急盼儿归。曾参没回来，母亲便咬了咬自己的手指。此时曾参忽感心痛，急忙背柴回家。见到母亲就跪下来问是什么原因。母亲告诉他："家中忽然来了客人，我咬自己的手指使你能够知道啊。"真是母子连心。

【曾子避席】

原典：仲尼居，曾子侍。子曰："先王有至德要道，以顺天下。上民用和睦，上下无怨。汝知之乎？"曾子避席曰："参不敏，何足以知之？"——《孝经》

曾子是孔子的弟子，有一次他在孔子身边侍坐，孔子就问他："以前的圣贤之王有至高无上的德行，精要奥妙的理论，用来教导天下之人，人们就能和睦相处，君王和臣下之间也没有不满，你知道它们是什么吗？"曾子听了，明白老师孔子是要指点他最深刻的道理，于是立刻从坐着的席子上站起来，走到席子外面，恭恭敬敬地回答道："我不够聪明，哪里能知道，还请老师把这些道理教给我。"

在这里，"避席"是一种非常礼貌的行为，当曾子听到老师要向他传授时，他站起身来，走到席子外向老师请教，是为了表示他对老师的尊重。曾子懂礼貌的故事被后人传诵，很多人都向他学习。

【曾子烹彘】

原典：曾子之妻之市，其子随之而泣。其母曰："女还，顾反为女杀彘。"妻适市来，曾子欲捕彘杀之。妻止之曰："特与婴儿戏耳。"曾子曰："婴儿非与戏也。婴儿非有智也，待父母而学者也，听父母之教。今子欺之，是教子欺也。母欺子，子而不信其母，非所以成教也。"遂烹彘也。——《韩非子·外储说左上》

曾子的妻子要到集市去，她的孩子边跟着她边小声哭，母亲对他说："你先回去，等我回家后杀猪给你吃。"妻子刚从集市回来，就看见曾子要抓住猪把它杀了，妻子阻止他说："刚才只不过是和小孩子开玩笑罢了。"曾子说："孩子是不能和他随便开玩笑的。孩子是不懂事的，是要向父母学习的，听从父母的教导。如今你欺骗他，这就是教他学会欺骗。母亲欺骗孩子，孩子就不会再相信母亲，这不是教育孩子该用的方法。"曾子于是就把猪煮了。

曾子烹彘的故事，小而言之，是家庭教育的问题：父母对孩子说话要算数，才能为孩子树立一个守信的榜样；大而言之，是处世为人要讲诚信的问题。

【曾子不受邑】

原典：曾子衣敝衣以耕，鲁君使人往致邑焉，曰："请以此修衣。"曾子不受。反，复往，又不受。使者曰："先生非求于人，人则献之，奚为不受？"曾子曰："臣闻之，受人者畏人，予人者骄人；纵子有赐，不我骄也，我能勿畏乎？"终不受。孔子闻之曰："参之言，足以全其节也。"——《说苑·立节篇》

曾参穿破衣服耕作，鲁国国君派人前往请他做官，给他一座城邑，对他说："请用这座城邑的收入来为您改善穿戴。"曾子没有接受，反复前往，他也不接受。使者对他说："您不是向别人要求，是别人献给您的，为什么不接受呢？"曾子说："我听说，接受别人的东西就会感到亏欠人家，给予别人东西的就会在别人面前骄横。即使您国君有恩赐，不对我骄横，我难道不觉得对别人有亏欠吗？"最终也没有接受。孔子知道了这件事，说："曾参的话，是足以保全他的节操的。"

【曾参杀人】

原典：昔者曾子处费。费人有与曾子同名族者而杀人。人告曾子母曰："曾参杀人！"曾子之母曰："吾子不杀人！"织自若。有顷焉，人又曰："曾参杀人。"其母尚织自若也。顷之，一人又告之曰："曾参杀人！"其母惧，投杼墙而走。——《战国策·秦策二》

从前，曾子住在费城。费城有个与曾子同名的族人杀了人。有人向曾子的母亲报告说："曾参杀人了！"曾子的母亲说："我的儿子是绝对不会去杀人的。"她照常织布。没隔多久，又有一个人跑到曾子的母亲面前说："曾参杀人了。"曾子的母亲仍然不去理会这句话，她依旧织着自己的布。又过了一会儿，第三个报信的人跑来对曾母说："曾参的确杀了人！"曾母心里骤然紧张起来，急忙扔掉手中的梭子，端起梯子，越墙逃走了。

虽然曾参贤德，他的母亲对他信任，但有三个人怀疑他杀了人，连慈爱的母亲也不相信他了。后来就用曾参杀人比喻流言可畏。李白就在《答王十二寒夜独酌有怀》中说："曾参岂是杀人者？谗言三及慈母惊。"

教学活动设计

一、课堂教学

通过讲授、诵读、故事演绎等方法，引领学生走近曾子，品读经典，进一步了解曾子的修齐治平的政治观、内省慎独的修养观和以孝为本的孝道观，形成正确的价值取向，培养学生生活和职业中的人文情怀和文化品位，帮助学生形成高尚的道德情操和君子品格，提高综合素质。

二、课外拓展

1. 结合曾子诞辰祭祀大典，举办祭奠圣贤经典诵读活动。
2. 参观宗圣庙，进一步了解曾子师从孔子的经历及对其影响。
3. 诵读《大学》《孝经》。
4. 举办专家讲座，进一步了解曾子的思想，形成正确的价值取向，培养健全的人格。

项目五
儒家五圣之
述圣子思

孔伋（公元前483—前402年），字子思，孔子的嫡孙、孔鲤的儿子，中国春秋时期著名的思想家。受教于孔子的高足曾参，孔子的思想学说由曾参传子思，子思的门人再传孟子。子思上承曾参，下启孟子，在孔孟"道统"的传承中有重要地位，并由此对宋代理学产生了重要而积极的影响。因此，北宋徽宗年间，子思被追封为"沂水侯"，元文宗至顺元年（1330年），又被追封为"述圣公"，后人由此而尊他为"述圣"，受儒教祭祀。

单元一　子思生平

一、生平简介

子思生于公元前483年，而这时孔子刚刚由季康子派人带厚礼从卫国请回鲁国欲招其做官。虽然受到敬重，但季康子的所作所为与孔子的政治思想背道而驰，所以孔子拒绝

出仕，而把晚年的全部精力用在努力搜集整理古代文献作为教授子弟的教材上。子思儿时的启蒙教育受之于孔子。孔子对于子思寄予厚望。《圣门十六子书》①中记载：孔子晚年闲居，有一次喟然叹息，子思问他是不是担心子孙不学无术辱没家门。孔子很惊讶，问他如

① 清代冯云鹓辑。

何知道的。他回答说:"父亲劈了柴而儿子不背就是不孝。我要继承父业,所以从现在开始就十分努力地学习丝毫不敢松懈。"孔子听后欣慰地说:"我不用再担心了。"

子思首先在其祖父孔子的教育下初步接受了儒家的思想,而且接受的是孔子晚年的学说。后来,孔子去世,子思又跟随曾子学习,受益匪浅。所以《圣门十六子书》中说:"子思从曾子学业,诚明道德,有心传焉,乃述其师之意,穷性命之原,极天人之奥,作《中庸》书,以昭来世。"从曾子那里,子思也继续学习孔子思想的真传,阐发了孔子的中庸之道,著成《中庸》一书,被收在了《礼记》里。另外,《礼记》中的《表记》《坊记》《缁衣》也是子思的作品。

二、著作《中庸》

传统观点认为《中庸》出于子思之手,司马迁在《史记·孔子世家》中明确指出:"子思作《中庸》。"

子思作为战国时期儒家的重要代表,对后世产生的较大影响,主要还在于他的思想方面,特别是他的中庸思想。"中庸"是指不偏不倚、无过无不及的为人处世态度。子思认为:喜怒哀乐的情感还没有发泄出来的时候,心是平静的,无所偏倚,这就叫作"中";如果情感发泄了出来能合乎节度,没有过与不及,这就叫作"和"。"中"是天下万事万物的根本,"和"是天下共行的大道。人如果能把"中""和"

的道理推而广之，那么天地之间一切都会各安其所，万物也都遂其生了。子思认为，颜回做人能够择取中庸的道理，得到一善就奉持固守而不再把它失掉。舜是个大智的人，善于征求别人的意见，而且对那些很浅近的话也喜欢加以仔细地审度，把别人错的和恶的意见隐藏起来，把别人对的和善的意见宣扬出来，并且把众论中过与不及的加以折中，取其中道施行于民众，这或许就是舜之所以成为舜的道理吧。

但是中庸之道说起来容易做起来难，因为聪明的人过于明白，以为不足行，而笨拙的人又根本不懂，不知道怎样去行；有才智的人做过分了，而没有才智的人却又做不到。这就像人没有不饮不食的，但是很少有人能知道其滋味。那么，应该怎么做呢？首先，能做到尽己之心推己及人就离中庸之道不远了，凡是别人加之于自己身上而自己不愿意做的，也就不要强加在别人身上。其次，君子应在所处的地位去做他应该做的事，而不应去做本分以外的事。处在富贵的地位，就做富贵地位所应该做的事；处在贫贱的地位，就做贫贱地位所应该做的事；处在夷狄的地位就做夷狄地位所应该做的事；处在患难的地位，就做患难地位所应该做的事。君子守道安分，无论处在什么地位都是自得的。

单元二　子思的主要成就

子思生活于春秋末期，西周以来的礼乐文化，在经受了春秋时代的严重冲击之后，正在逐步走向崩溃。面对整个社会礼崩乐坏、人伦不理、诸侯争霸、民众涂炭的严峻时局，子思在掌握了孔子的思想精义之后，也像其祖父一样，竭力倡扬儒家学说，力求拯救社会危机，他的中庸思想展示了儒家学者明道救世的人格特征。

中庸的中心思想是儒学的中庸之道，它的主要内容并非现代人所普遍理解的中立、平庸，其主旨在于修养人性。其中包括学习的方式：博学之，审问之，慎思之，明辨之，笃行之。也包括儒家做人的规范如"五达道"①"三达德"②和治国的"九经"等。

中庸之道的主题思想是教育人们自觉地进行自我修养、自我监督、自我教育、自我完善，把自己培养成为具有理想人格，达到至善、至仁、至诚、至道、至德、至圣、合外内之道的理想人物，共创"致中和，天地位焉，万物育焉"的"太平和合"境界。

一、五达道

五达道主要是运用中庸之道调节五种人际关系。这五种基本人际关系是君臣、父子、夫妻、兄弟以及朋友的交往，这五种人际关系就是天下通行的人际关系。《中庸》第十二章详细论述了夫妇的人际关系，将夫妇关系提到了非常高的地位。其文云："君子之道，造端乎夫妇；及其至也，察乎天地。"非常明确地指出君子的道，开始于普通男女，但它的最高深境界却昭著于整个天地。《中庸》第十三章论述了父子、君臣、兄弟、朋友之达道。

通过正确处理这五种人际关系，达到太平和合的理想境界。诚如《礼运》所言："所以圣人能够使整个天下像是一个家庭，全体国民像是一个人，并不是凭着主观臆想，而是凭着了解人情，洞晓人义，明白人利，熟知人患，然后才能做到。什么叫作人情？喜、怒、哀、惧、爱、恶、欲，这七种不学就会的感情就是人情。什么叫作人义？父亲慈爱，儿子孝敬，兄长友爱，幼弟恭顺，丈夫恩义，妻子顺从，长者惠下，幼者顺上，君主仁慈，臣子忠诚，这十种人际关系准则就叫作人义。讲究信用，维持和睦，这叫作人利。

---

① 君臣也，父子也，夫妇也，兄弟也，朋友之交也。
② 智、仁、勇。

你争我夺，互相残杀，这叫作人患。圣人要想疏导人的七情，维护十种人际关系准则，崇尚谦让，避免争夺，除了礼以外，没有更好的办法。"

二、三达德

调节这些人际关系靠什么？靠人们内心的品德和智慧，因而就有了三达德。三达德，就是智、仁、勇。智、仁、勇是天下通行的品德，是用来调节上下、父子、夫妻、兄弟和朋友之间的关系的。智、仁、勇靠什么来培植呢？靠诚实、善良的品德意识来培植加固。所以《中庸》第二十章阐明道："天下人共有的伦常关系有五项，用来处理这五项伦常关系的德行有三种。君臣、父子、夫妇、兄弟、朋友之间的交往，这五项是天下人共有的伦常关系；智、仁、勇，这三种是用来处理这五项伦常关系的德行。至于这三种德行的实施，道理都是一样的。比如说，有的人生来就知道它们，有的人通过学习才知道它们，有的人要遇到困难后才知道它们，但只要他们最终都知道了，也就是一样的了。又比如说，有的人自觉自愿地去实行它们，有的人为了某种好处才去实行它们，有的人勉勉强强地去实行，但只要他们最终都实行起来了，也就是一样的了。孔子说：'喜欢学习就接近了智，努力实行就接近了仁，知道羞耻就接近了勇。'知道这三点，就知道怎样修养自己，知道怎样修养自己，就知道怎样管理他人，知道怎样管理他人，就知道怎样治理天下和国家了。"

三、九经

九经就是中庸之道用来治理天下国家以达到太平和合的九项具体工作。这九项工作是：修养自身，尊重贤人，爱护亲族，敬重大臣，体恤众臣，爱护百姓，劝勉各种工匠，优待远方来的客人，安抚诸侯。修养自身，就能够达到美好的人格；尊重贤人，就不至于迷惑；爱护亲族，叔伯兄弟之间就不会有怨恨；敬重大臣，治理政事就不至于糊涂；体恤群臣，士大夫就会尽力予以报答；爱护百姓，老百姓就会受到勉励；劝勉各种工匠，财货就能充足；优待远方来的客人，四方就会归顺；安抚诸侯，天下就会敬服。要做好这九项工作，就必须用至诚、至仁、至善的爱心去充分体现中庸的美好人格。做好这九项工作，事实上也就处理调节好了九种人际关系。调节这九种人际关系是使天下国家达到太平和合理想的重要保证。

单元三　子思相关的名言典故

一、语录汇编

【原文】天命之谓性，率性之谓道，修道之谓教。——《中庸》

【大意】天所赋予人的东西就是性，遵循天性就是道，遵循道来修养自身就是教。

【原文】道也者，不可须臾离也；可离，非道也。是故，君子戒慎乎其所不睹，恐惧乎其所不闻。莫现乎隐，莫显乎微，故君子慎其独也。——《中庸》

【大意】道是片刻不能离开的，可离开的就不是道。因此，君子在无人看见的地方也要小心谨慎，在无人听得到的地方也要恐惧敬畏。隐蔽时也会被人发现，细微处也会昭著，因此君子在独处时要慎重。

【原文】喜怒哀乐之未发，谓之中；发而皆中节，谓之和。中也者，天下之本也；和也者，天下之达道也。致中和，天地位焉，万物育焉。——《中庸》

【大意】喜怒哀乐的情绪没有表露出来，这叫作中；表露出来但合于法度，这叫作和；中是天下最为根本的，和是天下共同遵循的法度。达到了中和，天地便各归其位，万物便生长发育了。

【原文】自诚明，谓之性；自明诚，谓之教。诚者明矣，明则诚矣。——《中庸》

【大意】由真诚达到通晓事理，这叫天性；由通晓事理达到真诚，这叫教化。真诚就会通晓事理，通晓事理就会真诚。

【原文】唯天下至诚，为能尽其性；能尽其性，则能尽人之性；能尽人之性，则能尽物之性；能尽物之性，则可以赞天地之化育；可以赞天地之化育，则可以与天地参矣。——《中庸》

【大意】只有天下最真诚的人才能充分发挥天赋的本性，能发挥天赋的本性才能发挥所有人的本性，能发挥所有人的本性才能充分发挥事物的本性，能够发挥事物的本性才能帮助天地养育万物，可以帮助天地养育万物，才可以与天地并列。

【原文】天下国家可均也，爵禄可辞也，白刃可蹈也，中庸不可能也。——《中庸》

【大意】天下国家是可以公正治理的，爵位俸禄是可以辞掉的，利刃是可以踩上去的，只是中庸之道不容易实行。

【原文】凡事豫则立，不豫则废；言前定，则不跲；事前定，则不困；行前定，则不疚；道前定，则不穷。——《中庸》

【大意】任何事情，事先有准备就会成功，没有准备就会失败；说话先有准备，就不会中断；做事先有准备，就不会受挫；行为先有准备，就不会后悔；道路预先选定，就不会走投无路。

【原文】或生而知之，或学而知之，或困而知之，及其知之，一也。或安而行之，或利而行之，或勉强而行之，及其成功，一也。——《中庸》

【大意】有的人生来就知道它们，有的人通过学习才知道它们，有的人要遇到困难后才知道它们，但只要他们最终都知道了，也就是一样的了。有的人自觉自愿地去实行它们，有的人为了某种好处才去实行它们，有的人勉勉强强地去实行，但只要他们最终都实行起来了，也就是一样的了。

【原文】在上位，不陵下；在下位，不援上；正己而不求于人，则无怨。上不怨天，下不尤人，故君子居易以俟命，小人行险以徼幸。——《中庸》

【大意】居上位，不欺凌下级；在下位，不攀附上级；端正自己不苛求他人，这样就没有怨恨。对上不怨恨天命，对下不归咎别人，所以，君子安于自己的地位等候天命的到来，小人则冒险求得本不应该获取的东西。

二、逸事典故

【子思荐苟变】

原典：子思言苟变于卫侯曰："其才可将五百乘。"公曰："吾知其可将；然变也尝为吏，赋于民而擅食人二鸡子，故弗用也。"子思曰："夫圣人之官人也，犹匠之用木也，取其所长，弃其所短；故杞梓连抱而有数尺之朽，良工不弃。今君处战国之世，选爪牙之士，而以二卵弃干城之将，此不可使闻于邻国也！"公再拜曰："谨受教矣！"——《资治通鉴·周纪一》

子思向卫国国君提起苟变说："他的才能可统领众多士兵。"卫侯说："我知道他是个将才，然而苟变做官吏的时候，有次征税吃了老百姓两个鸡蛋，所以我不用他。"子思说："圣人选人任官，就好比木匠使用木料，取其所长，弃其所短；因此一根合抱的良木，只有几尺朽烂处，高明的工匠是不会扔掉它的。现在国君您处在战国纷争之世，正要收罗锋爪利牙的人才，却因为两个鸡蛋而舍弃了一员可守一城的大将，这事可不能让邻国知道啊！"卫侯一再拜谢说："谨遵教诲了！"

后来苟变成卫国的名将。

【子思"五之法"】

原典：博学之，审问之，慎思之，明辨之，笃行之。有弗学，学之弗能，弗措也；有弗问，问之弗知，弗措也；有弗思，思之弗得，弗措也；有弗辨，辨之弗明，弗措也；有弗行，行之弗笃，弗措也。人一能之，己百之；人十能之，己千之。果能此道矣，虽愚必明，虽柔必强。——《中庸》

"博学之，审问之，慎思之，明辨之，笃行之"出自《中庸·第二十章》。这说的是为学的几个层次，或者说是几个递进的阶段。"博学之"是说为学首先要广泛地猎取，培养充沛而旺盛的好奇心。好奇心丧失了，为学的欲望随之而消亡，博学遂为不可能之事。"博"还意味着博大和宽容。唯有博大和宽容，才能兼容并包，使为学具有世界眼光和开放胸襟，真正做到"海纳百川、有容乃大"，进而"泛爱众，而亲仁"。因此博学乃能成为为学的第一阶段。越过这一阶段，为学就是无根之木、无源之水。"审问"为第二阶段，有所不明就要追问到底，要对所学加以怀疑。问过以后还要通过自己的思想活动来仔细考察、分析，否则所学不能为自己所用，是为"慎思"。"明辨"为第四阶段，学是越辨越明的，不辨，则所谓"博学"就会鱼龙混杂，真伪难辨，良莠不分。"笃行"是为学的最后阶段，就是既然学有所得，就要努力践履所学，使所学最终有所落实，做到"知行合一"。"笃"有忠贞不渝，踏踏实实，一心一意，坚持不懈之意。只有有明确的目标、坚定的意志的人，才能真正做到"笃行"。

【子思谏卫侯】

原典：卫侯言计非是，而群臣和者如出一口。子思曰："以吾观卫，所谓'君不君，臣不臣'者也！"公丘懿子曰："何乃若是？"子思曰："人主自臧，则众谋不进。事是而臧之，犹却众谋，况和非以长恶乎！夫不察事之是非而悦人赞己，暗莫甚焉；不度理之所在而阿谀求容，谄莫甚焉。君暗臣谄，以居百姓之上，民不与也。若此不已，国无类矣！"

子思言于卫侯曰："君之国事将日非矣！"公曰："何故？"对曰："有由然焉。君出言自以为是，而卿大夫莫敢矫其非；卿大夫出言亦自以为是，而士庶人莫敢矫其非。君臣既自贤矣，而群下同声贤之，贤之则顺而有福，矫之则逆而有祸，如此则善安从生！《诗》曰：'具曰予圣，谁知乌之雌雄？'抑亦似君之君臣乎！"——《资治通鉴·周纪一》

卫侯提出了一项不正确的计划，而大臣们却附和如出一口。子思说："我看卫国，真是'君不像君，臣不像臣'呀！"公丘懿子问道："为什么竟会这样？"子思说："君主自以为是，大家便不提出自己的意见。即使事情处理对了没有听取众议，也是排斥了众人的意见，更何况现在众人都附和错误见解而助长邪恶之风呢！不考察事情的是非而乐于让别人赞扬，是无比的昏庸；不判断事情是否有道理而一味阿谀奉承，是无比的谄媚。君主昏庸而臣下谄媚，这样居于百姓之上，老百姓是不会同意的。长期这样不改，国家就不像国家了。"

子思对卫侯说："你的国家将要一天不如一天了。"卫侯问："为什么？"回答说："事出有因。国君你说话自以为是，卿大夫等官员没有人敢改正你的错误；于是他们也说话自以为是，士人百姓也不敢改正其误。君臣都自以为贤能，下属又同声称贤，称赞贤能则和顺而有福，指出错误则忤逆而有祸，这样，怎么会有好的结果！《诗经》说：'都称道自己是圣贤，乌鸦雌雄谁能辨？'不也像你们这些君臣吗？"

教学活动设计

一、课堂教学

通过讲授、诵读等方法，引领学生了解子思，品读经典，进一步了解子思的中庸之道和辩证思想，形成正确的价值取向，培养学生生活和职业中的人文情怀和文化品位，帮助学生形成高尚的道德情操和君子品格，提高综合素质。

二、课外拓展

1. 结合子思诞辰祭祀大典，举办祭奠圣贤经典诵读活动。

2. 诵读《中庸》。

3. 举办专家讲座，进一步了解子思的思想，形成正确的价值取向，培养健全的人格。

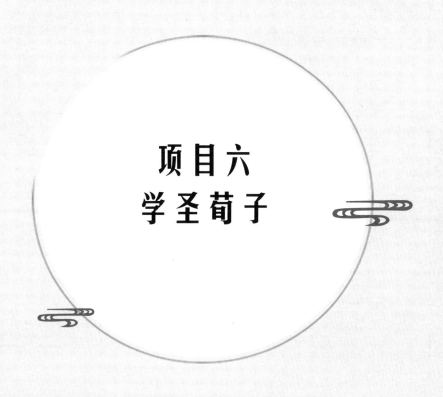

项目六
学圣荀子

荀子（约公元前313—前238年），名况，字卿，战国末期赵国人，先秦著名的思想家、文学家、政治家，儒家代表人物之一。荀子学识渊博，在长期的社会实践中，荀子借鉴了法家和道家思想的积极成分，丰富和发展了儒家思想，成为儒家思想集大成者。在人性问题，荀子主张性恶论，人性善是教化的结果。在天道观方面，提出"制天命而用之"的人定胜天、事在人为的思想。荀子对礼很重视，宣扬儒家的王道思想，认为"水能载舟，亦能覆舟"。他前继孔孟之余绪，后开儒学之新风，被大家誉为"名世之士，王者之师"①。

单元一　荀子生平

一、生平简介

历史文献中没有关于荀子的详细记载，仅《史记·荀卿列传》记录了他的大概生平："荀卿，赵人，年五十始来游学于齐……荀卿乃适楚，而春申君以为兰陵令。春申君死而兰陵废……序列著数万言而卒，因葬兰陵。"齐泯王时，稷下②学士风盛，招徕天下著名学者来齐国，多至数万人。齐泯王晚年，荀子到稷下游学，正值齐国对外作战失利，列大夫纷离散去，荀子随即南游楚国。齐襄王时，稷下学士又盛，荀子又回到齐国，在列大夫中"最为老师"，

---

① 唐代杨倞《荀卿子》。

② 指战国齐都城临淄西门稷门附近地区。齐威王、宣王曾在此建学宫以官学黄老之学为主体，广招文学游说之士讲学议论，成为各学派活动的中心。

被尊称为"卿"。不久荀子遭谗，离齐至楚，春申君任荀子为兰陵①令。荀子又遭谗，离楚至赵，在赵孝成王前议过兵，未得重用离去至秦。见秦昭王与秦相范雎，

未得要领，离秦归赵，又至楚为兰陵令。公元前238年，春申君被杀，荀子失官，居家著书数万言，死后葬兰陵。河北邯郸和山东临沂均有纪念荀子的大型文化设施。

由此可以概括，在他的一生中，两仕兰陵，三掌学宫②，观政于秦，议兵于赵，讲学文峰。近七十年的学者生涯，给我们留下了大量的历史印记和博大精深的《荀子》一书，成为中华民族优秀文化的重要组成部分。

二、法家弟子

荀子曾经传道授业，战国末期两位最著名的思想家、政治家——韩非、李斯，汉初政治家、科学家张苍均为其门下高足。因为他的两名弟子为法家代表人物，使历代有部分学者怀疑荀子是否属于儒家学者，荀子也因其弟子而在中国历史上受到许多学者猛烈抨击。

《史记》记载李斯"乃从荀卿学帝王之术"，荀子的"帝王之术"，通过李斯后来的实践，体现出来。北宋苏轼在《荀卿论》中

---

① 兰陵，中国古代名邑。据传由楚大夫屈原命名。"兰"为圣王之香，陵为高地，有"圣地"寓意。而今兰陵（兰陵县、兰陵镇）均在山东省临沂市。

② 古代地方政府设立的学校。

说:"荀卿明王道,述礼乐,而李斯以其学乱天下。"

李斯拜师于荀子,学成帝王之术后,西入秦国,荀子的帝王术在李斯身上得到充分运用。其一是满足人的欲望,利用贿赂和暗杀,分化瓦解六国人士,讲权术,弃道义,推崇荀子的"王者不却众庶,故能明其德"。李斯完全撕下了儒家的外衣,亮出了王术的利剑,比他的老师荀子更有血性。其二是明辨事理,抓住时机,创千秋之业,辅佐秦王嬴政建立了统一的大秦帝国。其三是制定法令,倡立郡县制,实行中央集权。荀子的帝王术在李斯身上得以实现,并自秦以下百世都行秦政礼,这是对荀子礼学的肯定。

单元二　荀子的主要成就

荀子主张"天行有常""人可制天命而用之",即天和人是应该分开的,天是天,人是人,君王不是天,人们要遵循天道自然的规律来生活;礼是根本,法是方法,要崇尚礼仪,重用法律;认为人的本性有恶的一面,通过教育学习是可以改恶为善的,"涂之人可以为禹",经过后天努力,人人可以达到圣人的境界;提倡劝学自强等,其思想发人深省,震古烁今。

梁启超说:"自秦朝统一,汉朝继承封建制以来,所有的政治制度,学术精神,都是源自荀子学说。"章太炎著《后圣》称:"自孔子而后,还有谁能称得上是圣人呢?只有荀子可以。"郭沫若认为"荀子是先秦诸子中的最后一位大师";毛泽东指出"孔孟是唯心主义,荀子是唯物主义";英国著名的人类学家布朗盛赞荀子为世界社会学的老祖。

一、思想成就

1. "化性起伪"的性恶论

中国传统哲学中的人性理论主要有三派：即性善论、性恶论和性善恶混论。真正公开主张性恶论的思想家只有荀子。为此，他曾不断受到后人的诘难、批评。从表面上看，主流思想家都对性恶论持否定的立场，但实际上，荀子性恶论的一些基本思想都在不同程度上被后人所接受和改造，对中国哲学产生了深刻的影响，具有重要的理论价值。

《性恶篇》是《荀子》一书第二十三篇，系统地阐述了荀子的性恶论，并对孟子的性善论进行了批判。这是荀子思想的核心，是其哲学思想、政治思想的基石和出发点。

荀子认为，人之命在天。万物各自得到阴阳形成的和气而产生，各自得到风雨的滋养而成长。天造就了万物，既然人是由天而生的，人情也就出于天情，同于天情。出于天情同于天情的人情就叫作"性"。所以荀子说："生之所以然者谓之性""不事而自然谓之性""性者，天之就也；情者，性之质也"。

荀子认为爱好与厌恶、高兴与愤怒、悲哀与欢乐等蕴藏在人的形体和精神里面，这些叫作天生的情感。荀子和孟子一样，认为食色喜怒等是人的先天性情，是人情之所不能免，是人所共有的。但是，在性情与仁义的关系上，荀子则与孟子不同。孟子把食色和仁义都看作出于先天的人性，其中仁义是大体，食色是小体；仁义好比熊掌，食色是鱼。荀子则认为人性只限于食色、喜怒、好恶、利欲等情绪欲望，不论"君子""小人"都一样。所以荀子说："人之生也固小人。""人之生也固小人"就叫作"性恶"。至于仁义，则是由后天所学、所行、所为而获得的。

性恶论以人性有恶，强调道德教育的必要性；性善论以人性向善，注重道德修养的自觉性。二者既相对立，又相辅相成，对后世人性学说产生了重大影响。

2. "人定胜天"的唯物思想

《荀子》中的《天论》篇针对唯心主义的"天人合一"论，提出了"明于天人之分"的理论，论述了人和自然的关系。他把人的主观精神世界同自然的客观物质世界区分开来，又联系起来，把天看成一种具有客观法则的自然物质系统，排除天有意志说，承认自然的客观物质世界是第一性的，人的主观精神世界是第二性的；强调天不能干预人事、主宰人事，但人事活动又必须遵循"天道"，人不能把自己的主观意志强加于自然，但人能"制天命""裁万物"，提出"制天命而用之"的卓越见解。

他说："列星相随旋转，日月轮流照耀，四时交替运行，阴阳不断变化，风雨普遍降施，万物各自得到相适应的条件而发生，各自得到所需要的滋养而成长，这些都是自然的现象，并不是出于一个什么主宰的意志和作为。这里所谓的神是指自然界运动变化的功能，人们虽然看不见它在做什么，但它的功效很显著。"①

荀子认为天是按照其自身固有的规律运行、变化的自然界，没有任何主观的私怨和私德。因此天不能干预人事，自然界的规律不能决定社会的变化。荀子明确指出，社会国家的治乱兴废，与天无关，与时无关，与地无关。天、时、地等自然界的条件，在禹的时代和桀的时代是相同的，但社会政治在禹的时代和桀的时代，却有一治一乱的不同。这说明自然界的条件不能决定社会的治乱。

荀子强调天人之分，又十分强调人定胜天，提出"制天命而用之"这一光辉的唯物主义命题。荀子认为人类发挥主观努力可以改变自然，使自然为人类造福。他看到自然界中的物类都是通过竞争来求得生存的，人类也要利用其他物类来养活自己，这是一种自然的相生相养。所以他说："财非其类，以养其类，夫是之谓天养。"荀子认为，人类和其他物类一样，必须利用自然界适合于自己生存的条件，才能保证自己的生存和发展，得到幸福。如果不能根据自

---

① 出自《荀子·天文》：列星随旋，日月递炤，四时代御，阴阳大化，风雨博施。万物各得其和以生，各得其养以成。不见其事而见其功，夫是之谓神。

己生存的需要来利用自然界,那就会妨碍自己的生存和发展,甚至遭受灾祸。这是自然界对人类的一种自然的制约,是人类生存发展的自然原则,所以他说:"顺其类者谓之福,逆其类者谓之祸,夫是之谓天政。"这个自然原则说明,自然界的变化及其规律,对人类的生存和发展,起着客观的制约作用。

然而,在荀子看来,人在自然界面前,绝不是无所作为地消极适应,而是能够发挥主观能动性,认识和掌握自然界的变化及其规律,利用自然,改造和征服自然。吉凶祸福,不是天给予的,而是全凭人为的;一切自然

灾害,只要尽到主观努力,也是可以克服的。因此,他主张人应积极去征服、利用自然,从而驾驭自然,不受自然的盲目支配。

3. "礼法一体"的政治思想

政治上,荀子主张礼治和法治并用。一方面,很重视"王道",提倡"礼义";另一方面,主张"法后王",同意用武力来兼并天下,用法禁、刑赏来治理国家,即"王霸兼施,礼法兼尊"。

荀子在汇集百家和批判吸收诸家思想精华的过程中认识到,礼与法都是治国驭民的社会规范,单纯用礼或单纯用法,都不会收到好的效果。基于这一认识,荀子提出了礼法结合的主张。但荀子的礼法结合并非简单地将"礼"与"法"相加,而是在改造儒家"礼治"、修正法家"法治"的基础上,将"礼"与"法"的治世功能融合在一起,构建起礼法结合的新体系。荀子认为,礼义教化虽是王道之本,但单靠礼义教化是达不到王天下的。因此他提出了"治之经,礼与刑,君子以修百姓宁。明德慎罚,国家既治四海平"。即只有"隆礼至法"、使礼具有法的功能,才是治国安民的良法,才能实现王天下。在战国末期的社会条件下,荀子提出的"隆礼至法"、礼法结合,远比孔孟的单纯"礼治"更切合社会发展变

化的需求。

荀子认为，礼是一种确定等级名分、确立各种社会关系的准则。他说："礼者，贵贱有等，长幼有差，贫富轻重，皆有称者也。"在荀子看来，只有通过礼确定名分等差，使万民知道自己的身份地位与权利义务，才能构建起稳定的社会秩序。所以他仍然主张以礼来确立等级关系。

同时主张将传统的"世卿世禄"改为非世袭的官僚等级，将"任人唯亲"改为"尚贤使能"。对此他曾明确提出："论德使能而官"，"虽王公士大夫之子孙也，不能属于礼义，则归之庶人；虽庶人之子孙也，积文学，正身行，能属于礼义，则归之卿相士大夫"。即在举贤任官时，要以道德水平的高低和才能的大小授以相应的官职，不再以血缘关系和出身高低作为任官的标准。荀子提出的"论德而定次，量能而授官"，不仅打破了传统礼制的世袭界限，也使礼适应了创建新兴地主阶级官僚等级体制的需要。为了实现"论德使能而官"，荀子又提出："无德不贵，无能不官，无功不赏，无罪不罚。朝无幸位，民无幸生，尚贤使能，而等位不遗。"他认为，只有"论德使能而官"，才能使"德厚者进，而佞说者止，贪利者退，而廉节者起"；才能实现"公道达而私门塞矣，公义明而私事息矣"。荀子的"论德使能而官"的主张，既反映了他的公平进取精神，也对中国用人制度产生了积极影响，对今天而言，也不失其重要意义。

荀子主张礼治，主要目的在于维护封建等级秩序，而等级制的最高点是国君，因而强调礼最终必然走向尊君。在君民关系上，荀子提出的新思想是君民舟水论："君者，舟也；庶人者，水也。水能载舟，亦能覆舟。"基于这种看法，荀子认为必须处理好爱民与使民的关系，主张先爱民利民而后使之。君主越爱民利民，自己越强；反之则亡。

二、传世名作

1.《荀子》

荀子是先秦时期最后一位儒学大师,在我国文化史上具有非常重要的承上启下的作用。有学者说:"没有荀子,就没有汉儒;没有汉儒,就很难想象中国文化是什么样子。"他一生"序列著数万言",后人编为《荀子》,内容涉及哲学思想、政治问题、治学方法、立身处世之道、学术论辩等方面。西

汉刘向整理时定为32篇,它们大致可分为三类,一类是荀子亲手所著的22篇;另一类是荀子弟子所记录的荀子言行,共5篇;还有一类是荀子及其弟子所引用的材料,共5篇。前两类是研究荀子思想的直接材料,是《荀子》一书的主体。

荀子的文章论题鲜明,结构严谨,说理透彻,有很强的逻辑性。语言丰富多彩,善于比喻,排比偶句很多,有他特有的风格,素有"诸子大成"的美称。他的文章已由语录体发展成为标题论文,标志着我国古代说理文趋于成熟。《荀子》中的五篇短赋,开创了以赋为名的文学体裁,同屈原一起被称为"辞赋之祖";他采用当时民歌形式写的《成相篇》,文字通俗易懂,运用说唱形式来表达自己的政治、学术思想,对后世也有一定影响,开启了我国说唱文学的先河,是我国说唱文学的鼻祖。

2.《劝学》

《荀子》全书三十二篇,以《劝学》为首,《劝学》又以"君子曰:学不可以已"开篇。学习是贯穿人生始终的。求知是一个过程,是一个不知道从何时开始,也不知道止于何时的过程,它伴随着一个人的思想,像一阵无云而至的

雨露，浸润着每一个拥有灵魂的个体。然而学习又得先有目标。应该"始乎为士，终乎为圣人"，这也是教育的根本方向。这种圣贤教育与功利教育的区别就是"为之，人也；舍之，禽兽也。"

"学不可以已"是荀子精神的高度凝练，为我们眺望其精神家园打开了一扇窗户。凡事知"学不可以已"，则做事必能趋美向善、趋利避害。凡事讲"学不可以已"，则做事不仅有精巧之思，有高尚之言，而且会有高尚之行，有精美之结果。

《劝学》形象清新、脍炙人口，于百年来为人们传诵不衰。原因何在？最重要的在于它把深奥的道理寓于大量浅显贴切的比喻之中，运用比喻时手法又极其灵活自然、生动鲜明而绝无学究气。如文章开首，连用"青，取之于蓝，而青于蓝"等五个比喻，从不同的角度和侧面来阐述"学不可以已"的道理，堪称雄辩奇才，口若悬河，滔滔不绝，收到了先声夺人的强烈效果。

从形式上看，《劝学》中的比喻灵巧多样，运用自如。阐述观点、论证道理，有的从正面设喻，如"积土成山，风雨兴焉；积水成渊，蛟龙生焉；积善成德，而神明自得，圣心备焉"，有的从反面设喻，如"不积跬步，无以至千里；不积小流，无以成江海"；有的单独设喻，有的连续设喻；有的同类并列，有的正反对照；有的只设喻而把道理隐含其中，有的先设喻再引出要说的道理。总之，铺锦列绣，无所不用。所以文中用喻虽多，却无板滞生硬的感觉，相反，随着用比的连续转换和充分展开，形成整齐而又富于变化的句式，使文章显得错落有致，生气勃勃。

开宗明义地告诫人们"学不可以已"，意谓学习应持之以恒，不可中辍。他说"青，取之于蓝，而青于蓝；冰，水为之，而寒于水。"意思是说青色染料是从蓝色染料中提取出来的，却比蓝色的颜色更深；冰是水遇冷后凝结起来的，却比水冷。通过学习前人积累

的知识，博学深思，加以总结提炼，就能够超越前人，后来居上。他又说："吾尝终日而思矣，不如须臾之所学也。吾尝跂而望矣，不如登高之博见也。登高而招，臂非加长也，而见者远；顺风而呼，声非加疾也，而闻者彰。假舆马者，非利足也，而致千里；假舟楫者，非能水也，而绝江河。"意谓有了知识，才能够站得高，看得远，就像行千里路借助于车和马，过江河借助于船和桨。

荀子认为，学习的成效来源于辛勤的积累。只有积土成山，风雨才能从那里兴起；只有积水成渊，蛟龙才能生长；只有积善成德，才能自得神明，具备圣心。所以只有一步一步地走下去，才能到达目的地；只有一条一条的涓涓细流，才能汇成万顷波涛。骐骥那样的好马一跃也不会十步，驽马走出十驾，功效就在不舍。用刀刻几下就停下来，朽木也不会折断；不停地刻下去，即使是坚硬的金属、玉石，也能雕刻成功。

荀子认为，学习要专心致志，不急不躁。他举例说蚯蚓虽然无爪无牙，无筋无骨，却能上食泥土，下饮黄泉，原因是其用心专一；而螃蟹八脚而且有两个大钳，却只能住蛇的洞穴，原因就在于心躁。

荀子的《劝学篇》是关于学习的名篇，文中反复说明学习的重要性及学习目的、态度和方法，强调学习是人们思考问题、认识事物的重要条件，只有通过学习，才能增长才干，完善自我，使自己超越前人，以成赫赫之功。书中的"锲而不舍""不积跬步，无以至千里"以及演化而成的"青出于蓝而胜于蓝"等文句，已成为后代人们的座右铭。

单元三　荀子相关的名言典故

一、传世名言

【原文】学不可以已。青，取之于蓝，而青于蓝。——《劝学》

【大意】学习是不可以停止的。靛青是从蓝草里提取的,可是比蓝草的颜色更深。

【原文】木受绳则直,金就砺则利,君子博学而日参省乎己,则知明而行无过矣。——《劝学》

【大意】所以,木材经过墨线量过就能取直,刀剑等金属制品在磨刀石上磨过就能变得锋利,君子广泛地学习,而且每天检查反省自己,那么他就会聪明多智,而行为就不会有过错了。

【原文】不登高山,不知天之高也;不临深溪,不知地之厚也。——《劝学》

【大意】所以不去登高山,不知道天有多高;不去靠近深谷,不知道地有多深。

【原文】神莫大于化道,福莫大于无祸。——《劝学》

【大意】精神修养没有比受道德熏陶感染更大的了,福分没有比无灾无祸更长远的了。

【原文】物类之起,必有所始;荣辱之来,必象其德。——《劝学》

【大意】一切事物的兴起,必定有它的开始;荣耀与耻辱的到来,必定和他的德行好坏相符合。

【原文】肉腐生虫,鱼枯生蠹。怠慢忘身,祸灾乃作。——《劝学》

【大意】肉腐烂后就会生蛆虫,鱼死后就会生出蛀虫,懈怠散漫到忘了自己的程度,灾祸就要发生了。

【原文】积土成山,风雨兴焉;积水成渊,蛟龙生焉;积善成德,而神明自得,圣心备焉。——《劝学》

【大意】堆积土石成了高山,风雨就从这儿兴起了;汇积水流成为深渊,蛟龙就从这儿产生了;积累善行养成高尚的品德,那么就会达高度的智慧,也就具有了圣人的精神境界。

【原文】不积跬步,无以至千里;不积小流,无以成江海。——《劝学》

【大意】不积累一步半步的行程，就没有办法达到千里之远；不积累细小的流水，就没有办法汇成江河大海。

【原文】锲而舍之，朽木不折；锲而不舍，金石可镂。——《劝学》

【大意】如果做事情不懂得坚持，那么腐朽的木头你都不能轻易折断的。如果做事情能持之以恒，那么即使是金石那么坚硬的物体都能雕出美丽的花纹。

【原文】跬步而不休，跛鳖千里；累土而不辍，丘山崇成。——《劝学》

【大意】一步一步不停息，瘸腿的鳖也能行至千里；积累土石不中断，再高的山岳也能堆成。

【原文】无冥冥之志者，无昭昭之明；无惛惛之事者，无赫赫之功。——《劝学》

【大意】没有潜心钻研的精神，就不会有洞察一切的聪明；不默默无闻地工作，就不会有显赫卓著的功绩。

【原文】为善不积邪，安有不闻者乎？——《劝学》

【大意】不能坚持做好事因而善行没有积累起，否则，哪有不被人知道的呢？

【原文】君子役物，小人役于物。——《劝学》

【大意】坦荡的人，不会被利益左右；贪心的人，总是被利益驱使。

【原文】道虽迩，不行不至；事虽小，不为不成。其为人也多暇日者，其出入不远矣。——《修身》

【大意】路程即使很近，但不走就不能到达；事情即使很小，但不做就不能成功。那些活在世上而闲荡的时间很多的人，他们即使能超出别人，也绝不会很远的。

【原文】大巧在所不为，大智在所不虑。——《天论》

【大意】最敏慧的人懂得什么是不能做和不该做的，最明智的人知道什么是不能考虑和不应考虑的事。

【原文】自知者不怨人，知命者不怨天；怨人者穷，怨天者无志。——《不苟》

【大意】有自知之明的人不怪怨别人，懂得命运的人不埋怨老天；抱怨别人的人必将困窘而无法摆脱，抱怨上天的人就不会立志而进取。

【原文】赠人以言，重于金石珠玉；观人以言，美于黼黻文章；听人以言，乐于钟鼓琴瑟。——《非相》

【大意】君子把善言赠送给此人，比任何珠宝都贵重；把善行拿给别人看，比任何色彩花纹都华美；把善言说给别人听，比任何乐器都动听。

【原文】君子耻不修，不耻见污；耻不信，不耻不见信；耻不能，不耻不见用。——《非十二子》

【大意】君子以不进行自我修养为耻，而不以被人污蔑为耻；以缺乏诚信为耻，而不以不被信任为耻；以缺乏才干为耻，而不以不被重用为耻。

【原文】君者，舟也；庶人者，水也。水则载舟，水则覆舟。——《王制》

【大意】国君，好比船，老百姓，好比水。水可以承受船使它行驶，也可以倾覆船使它翻沉。

【原文】人无礼义则乱，不知礼义则悖。——《性恶》

【大意】人没有礼义就会混乱无序，不懂礼义就会悖逆不道。

【原文】君子耳不听淫声，目不视女色，口不出恶言。——《乐论》

【大意】君子耳朵不聆听淫荡的音乐，眼睛不注视女子的美貌，嘴巴不说出邪恶的语言。

二、成语典故

【锱铢必较】

原典：割国之锱铢以赂之，则割定而欲无厌。——《荀子·富国》

锱、铢：都是古代很小的重量单位。形容非常小气，很少的钱也一定要计较。也比喻气量狭小，很小的事也要计较。

【安如磐石】

原典：为名者否，为利者否，为忿者否，则国安于磐石，寿于旗翼。——《荀子·富国》

磐石：大石头。如同磐石一般安然不动，形容非常稳固。

【兵不血刃】

原典：故近者亲其善，远方慕其德，兵不血刃，远迩来服。——《荀子·议兵》

兵：武器；刃：刀剑等的锋利部分。兵器上没有沾上血，形容未经战斗就轻易取得了胜利。

【持之有故】

原典：然而其持之有故，其言之成理。——《荀子·非十二子》

持：持论，主张；有故：有根据。指所持的见解和主张有一定的根据。

【苟且偷生】

原典：今夫偷生浅知之属，曾比而不知也。——《荀子·荣辱》

苟且：得过且过；偷生：苟且地活着。得过且过，勉强活着。

【狗彘不若】

原典：人也，忧忘其身，内忘其亲，上忘其君，则是人也，而曾狗彘之不若也。——《荀子·荣辱》

彘：猪。连猪狗都不如。形容品行卑劣到连猪狗都不如的程度。

【后发制人】

原典：后之发，先之至，此用兵之要术也。——《荀子·议兵》

发：发动；制：控制，制服。等对方先动手，再抓住有利时机反击，制服对方。

【横行天下】

原典：体恭敬而心忠信，术礼义而情爱人，横行天下，虽困四夷，人莫不贵。——《荀子·修身》

横行：纵横驰骋，毫无阻挡。形容遍行天下，不受阻碍。亦形容东征西战，到处称强，没有敌手。

【坚强不屈】

原典：坚强而不屈，义也。——《荀子·法行》

屈：屈服。坚韧、刚毅，毫不屈服。

【积善成德】

原典：积善成德，而神明自得。——《荀子·劝学》

善：善行，好事；德：高尚的品德。长期行善，就会形成一种高尚的品德。

【积水成渊】

原典：积土成山，风雨兴焉；积水成渊，蛟龙生焉。——《荀子·劝学》

比喻积小成大。

【跬步千里】

原典：不积跬步，无以至千里；不积小流，无以成江海。——《荀子·劝学》

走一千里路，是一步一步积累起来的。比喻学习应该有恒，不要半途而废。

【坎井之蛙】

原典：浅不足与测深，愚不足与谋知，坎井之蛙，不可与语东海之乐。——《荀子·正论》

废井里的青蛙。比喻见识不多的人。

【开源节流】

原典：故明主必谨养其和，节其流，开其源，而时斟酌焉，潢然使天下必有余，而上不忧不足。——《荀子·富国》

开发水源，节制水流。比喻增加收入，节省开支。

【流言止于智者】

原典：流丸止于瓯臾，流言止于智者。——《荀子·大略》

没有根据的话，传到有头脑的人那里就不能再流传了。形容谣言经不起分析。

【面有菜色】

原典：故禹十年水，汤七年旱，而天下无菜色者。——《荀子·富国》

形容因饥饿而显得营养不良的样子。

【驽马十驾】

原典：骐骥一跃，不能十步；驽马十驾，功在不舍。——《荀子·劝学》

原意是骏马一天的路程，驽马虽慢，但努力不懈，走十天也可以到达。比喻智力低的人只要刻苦学习，就能追上资质高的人。

【蓬生麻中，不扶自直】

原典：蓬生麻中，不扶而直；白沙在涅，与之俱黑。——《荀子·劝学》

蓬昔日长在大麻田里，不用扶持，自然挺直。比喻生活在好的环境里，能够健康成长。

【青出于蓝】

原典：青，取之于蓝，而青于蓝。——《荀子·劝学》

青：靛青；蓝：蓼蓝之类可作染料的草。青是从蓝草里提炼出来的，但颜色比蓝更深。比喻学生超过老师或后人胜过前人。

【锲而不舍】

原典：锲而舍之，朽木不折；锲而不舍，金石可镂。——《荀子·劝学》

锲：镂刻；舍：停止。不断地镂刻。比喻有恒心，有毅力。

【顺风而呼】

原典：登高而招，臂非加长也，而见者远；顺风而呼，声非加疾也，而闻者彰。——《荀子·劝学》

顺着风向呼喊，声音传得远，使人听得清。比喻凭借外力可有较好效果。

【强本节用】

原典：强本而节用，则天不能贫。——《荀子·天论》

本：我国古代以农为本。指加强农业生产，节约费用。

【前车之鉴】

原典：前车已覆，后未知更何觉时！——《荀子·成相》

鉴：镜子，为教训。前面车子翻倒的教训。比喻先前的失败，可以作为以后的教训。

【始终如一】

原典：虑必先事而申之以敬，慎终如始，终始如一，夫是之谓大吉。——《荀子·议兵》

始：开始；终：结束。自始至终一个样子。指能坚持，不间断。

【约定俗成】

原典：名无固宜，约之以命，约定俗成谓之宜，异于约则谓之不宜。——《荀子·正名》

指事物的名称或社会习惯往往是由人民群众经过长期社会实践而确定或形成的。

【移风易俗】

原典：乐者，圣人之所乐也，而可以善民心，其感人深，其移风易俗，故先王导之以礼乐而民和睦。——《荀子·乐论》

移：改变；易：变换。改变旧的风俗习惯。

【以卵击石】

原典：以桀诈尧，譬之若以卵投石，以指挠沸。——《荀子·议兵》

拿蛋去碰石头。比喻不估计自己的力量，自取灭亡。

【源清流洁】

原典：源清则流清，源浊则流浊。——《荀子·君道》

源头的水清，下游的水也清。原比喻身居高位的人好，在下面的人也好。也比喻事物的因果关系。

【言之成理】

原典：然而其持之有故，其言之成理，足以欺惑愚众。——《荀子·非十二子》

之：代词，指所说的话。话说得有一定道理。

【专心一志】

原典：今使涂之人伏术为学，专心一志，思索孰察，加日悬久，积善而不息，则通于神明，参于天地矣。——《荀子·性恶》

形容一心一意，集中精力。

【载舟覆舟】

原典：传曰："君者舟也，庶人者水也，水则载舟，水则覆舟。"此之谓也。——《荀子·王制》

民众犹如水，可以承载船，也可以倾覆船。比喻人民是决定国家兴亡的主要力量。

【冰寒于水】

原典：冰，水为之，而寒于水。——《荀子·劝学》

冰比水冷。比喻学生胜过老师。

【提纲挈领】

原典：若挈裘领，诎五指而顿之，顺者不可胜数也。——《荀子·劝学》

善张网者引其纲，不一一摄万目而后得。——《韩非子·外储说右下》

提纲而众目张，振领而群毛理。——《宋史·职官志八》

纲：渔网的总绳；挈：提起。抓住网的总绳，提住衣的领子。比喻抓住要领，简明扼要。

教学活动设计

一、课堂教学

通过讲授、诵读等方法，引领学生走近荀子，品读经典，进一步了解荀子的人定胜天、事在人为的朴素唯物主义思想和隆礼重法的政治思想，形成正确的价值取向，培养学生生活和职业中的人文情怀和文化品位，帮助学生形成高尚的道德情操和君子品格，提高综合素质。

二、课外拓展

1. 结合荀子诞辰祭祀大典，举办祭奠圣贤经典诵读活动。

2. 参观荀子文化园，进一步了解荀子思想对中华文化的深远影响。

3. 诵读《劝学》。

4. 举办专家讲座，进一步了解荀子的思想，形成正确的价值取向，培养健全的人格。

项目七
圣相管仲

管仲（约公元前 723 — 前 645 年），姬姓，管氏，名夷吾，字仲，谥敬，春秋时期法家代表人物，颍上人①，周穆王的后代。他是中国古代著名的经济学家、哲学家、政治家、军事家，被誉为"法家先驱""圣人之师""华夏文明的保护者""华夏第一相"。我国近代思想家梁启超评价道："法治者，治之极轨也，而通五洲万国数千年间。其最初发明此法治主义以成一家之言者，谁乎？则我国之管子也。"②齐僖公三十三年（公元前 698 年），管仲开始辅助公子纠。齐桓公元年（公元前 685 年），管仲任齐相。管仲在任内大兴改革，即管仲改革，富国强兵。齐桓公四十一年（公元前 645 年），管仲病逝。

单元一　管仲生平

一、早年经历

齐庄公五十六年（约公元前 723 年），管仲出生，管仲的祖先是姬姓的后代，与周王室同宗。管仲的父亲管庄是齐国的大夫③，后来家道中衰，到管仲时已经很贫困。为了谋生，管仲做过当时被人们认为地位微贱的商人，曾经与鲍叔牙合伙做过生意。他到过许多地方，接触过各式各样的人，见过许多世面，从而积累了丰富的社会经验。

---

① 今安徽颍上，或郑州登封颍河上游。
② 梁启超《管子评传》（1909）。
③ 古代官职名。

二、鲍叔举贤

公元前685年，齐桓公即位后，急需找到有才干的人来辅佐，因此就准备请鲍叔牙出来任齐相。但鲍叔牙称自己才能不如管仲，若要使齐国称霸，必要用管仲为相。

经鲍叔牙的建议，齐桓公同意选择吉祥日子，以非常隆重的礼节，亲自去迎接管仲，以此来表示对管仲的重视和信任。同时也让天下人都知道齐桓公的贤达大度。齐桓公迎接管仲后，一连聊了三天三夜，句句投机，斋戒三日，拜了管仲为相，并称管仲为"仲父"。

三、助齐称霸

齐桓公三年（公元前683年），管仲建议出兵问罪不遵礼法的谭国。谭国本来很小，力量十分微弱，结果很快就被齐国消灭。齐国由此扩大了国土。

齐桓公五年（公元前681年），在管仲的建议下，齐国与宋、陈、蔡、郑等国在齐的北杏①会盟，商讨安定宋国之计。遂国②也被邀请，但没有参加。管仲为了提高齐国的威望，就出兵把遂国消灭。鲁国本来比较强大，但因接连被齐国打败，又看到诸侯国都服从齐国，不服从齐国的遂、谭两国又被消灭，所以也屈服了齐国。不久，齐国与鲁国和好，在柯③会盟。就在这次会盟中，发生了著名的曹沫劫盟事件。曹沫迫使齐国归还之前鲁国所有失地，齐桓公事后想反悔，但是管仲用大国不该失信的理由让齐桓公归还了失地。

---

① 今山东聊城东。

② 今山东肥城南。

③ 今山东东阿西南。

齐桓公六年（公元前680年），鲁、宋、陈、蔡、卫都先后屈服齐国，谭、遂两国早已消灭，只有郑国还在内乱。管仲因此建议齐桓公出面调解郑国内乱，以此来提高齐国的地位，加速实现做霸主的目的。郑国自厉公回国杀了子仪，又杀了恩人傅瑕，逼死大夫原繁，登位称君后，为巩固君位，就要联合齐国。管仲抓住这一时机，建议齐桓公联合宋、卫、郑三国，又邀请周王室参加，于鄄①会盟。

齐桓公七年（公元前679年），管仲又让齐桓公以自己名义召集宋、陈、卫、郑在鄄会盟。从此齐桓公成为公认的霸主。

齐桓公三十五年（公元前651年），周惠王去世。齐桓公会同各诸侯国拥立太子郑为天子，这就是周襄王。周襄王即位后，命宰孔赐齐桓公文武胙、彤弓矢、大路，以表彰其功。齐桓公召集各路诸侯大会于葵丘②，举行受赐典礼。受赐典礼上，宰孔请周襄王之命，因齐桓公年老德高，不必下拜受赐。齐桓公想听从王命，管仲从旁进言道："周王虽然谦让，臣子却不可不敬。"齐桓公于是答道："天威不违颜咫尺，小白敢贪王命，而废臣职吗？"说罢，只见齐桓公疾走下阶，再拜稽首，然后登堂受胙。众诸侯见此，皆叹服齐君之有礼。齐桓公又重申盟好，订立了新盟。这就是历史上有名的"葵丘之盟"。

单元二　管仲的主要成就

管子是我国古代重要的政治家、军事家、道法家。其思想集中体现于《管子》一书，书中篇幅宏伟，内容复杂，思想丰富。如《牧民》《形势》等篇讲霸政法术；《侈靡》《治国》等篇论经济生产，此亦为《管子》精华，可谓齐国称霸的经济政策；《七法》《兵法》等篇言兵法；《宙合》《枢言》等篇谈哲学及阴阳五行等；其余如《大匡》

---

① 今山东菏泽市鄄城县。
② 今河南兰考、民权县境内。

《小匡》《戒》《弟子职》《封禅》等为杂说。《管子》是研究我国古代特别是先秦学术文化思想的重要典籍。

一、为政举措

1. 政治主张

管仲注重经济和农业，开创职业技能教育，反对空谈主义。他主张改革以富国强兵，他说："国多财则远者来，地辟举则民留处，仓廪实而知礼节，衣食足而知荣辱。"齐桓公尊管仲为"仲父"，授权让他主持一系列政治和经济

改革：在全国划分政区，组织军事编制，设官吏管理；建立选拔人才制度，士经三审选，可为"上卿之赞"①；按土地分等征税，禁止贵族掠夺私产；发展盐铁业，铸造货币，调剂物价。管仲改革成效显著，齐国由此国力大振。后来孔子感叹说："管仲辅佐桓公，称霸诸侯，匡正了天下，老百姓到了今天还享受到他的好处。"② 又说："桓公多次召集各诸侯国的盟会，不用武力，都是管仲的力量啊。这就是他的仁德，这就是他的仁德。"③

2. 外交主张

管仲在外交方面，打出"尊王攘夷"的旗帜，以诸侯长的身份，挟天子以伐不敬。

为了使齐桓公成为诸侯之长，管仲在外交上协助齐桓公做了许多努力。公元前663年，山戎攻打燕国，燕向齐求救，齐国救燕。公元前661年，山戎攻打邢国④，管仲提出，戎、狄这些少数民族

---

① 上卿的助理。
② 出自《论语·宪问》：管仲相桓公，霸诸侯，一匡天下，民到于今受其赐。
③ 出自《论语·宪问》：桓公九合诸侯，不以兵车，管仲之力也。如其仁，如其仁。
④ 今河北邢台市。

犹如豺狼虎豹，不可让他们满足；华夏民族是近亲，不可将他们遗弃。齐桓公再次发兵攻打山戎以救邢国。打退了毁邢都城的狄兵，并在夷仪为邢国建立了新都。次年，狄人大举攻卫，卫懿公被杀。齐国率诸侯国替卫国在楚丘另建新都。公元前656年，管仲让齐桓公质问楚国为何不按时向周天子进贡祭祀所用的茅草而导致祭祀大典无法及时进行，使得楚国承认自己的错误。公元前655年，周惠王有另立太子的意向。管仲献计让齐桓公会集诸侯国君于首止，与周天子盟，以确定太子的正统地位。公元前654年，管仲、齐桓公因郑文公首止逃会，率联军讨伐郑国。公元前651年，齐桓公召集鲁、宋、曹等国国君及周王使者周公宰会于葵丘，周公宰代表周王正式封齐桓公为诸侯长。同年秋，齐桓公以霸主身份主持了葵丘之盟。此后遇到侵犯周王室权威的事，齐桓公都会过问和制止，此次盟会齐桓公确立了自己的霸主地位。管仲的外交战略获得了很大成功，使齐桓公的霸业更加合法合理，同时也保护了中原经济和文化的发展，为华夏文明的存续做出了巨大贡献。

3. 军事制度

其原则是"作内政而寄军令"，其措施是"参其国而伍其鄙"，其内容为：将全国分为二十一乡，工商之乡六，士乡十五。工商之乡不从事作战，实际从事作战的是士乡十五。五乡为一帅，有一万一千人。由齐君率为中军，两个上卿各率五乡为左右军，是为三军，就是"参其国"。一乡有十连，一连有四里，一里有十轨，一轨有五家，五家为一轨，这就是"伍其鄙"。轨中的五家，因世代相居处在一起，因为利害祸福相同，所以，"守则同固，战则同强"。

这是一种社会与军事相结合的战斗体制，亦为后来大规模的战争做了准备。

二、《管子》

《管子》以中国春秋时代政治家、哲学家管仲命名,其中也记载了管仲死后的事情,并非管仲所著,但绝大部分的思想资料是属于管仲学派的,它所体现的政治、经济和哲学思想,是中国古代杰出的思想成就。现在版本的《管子》是西汉刘向约于公元前26年所编辑,原有86篇,其中有10篇文已佚。《管子》全书16万言,内容可分八类:《经言》9篇,《外言》8篇,《内言》7篇,《短语》17篇,《区言》5篇,《杂篇》10篇,《管子解》4篇,《管子轻重》16篇。《管子》在保存丰富的史料方面做出了很大贡献,具有很高的史学价值。

《管子》中的文章有很强的法家色彩,包括大量具体的治国方术。对法律的作用分析为:"法者,所以兴功惧暴也;律者,所以定分止争也;令者,所以令人知事也。"明确提出了法律政令具有劝善止暴、确定百姓权利义务、保护私有财产和维护统治秩序等作用。其同时也糅合了儒家思想,例如《管子》认为大凡治国的道理,一定要先使人民富裕,人民富裕就容易治理,人民贫穷就难以治理。①《管子》也有道家思想,例如在《管子·内业》中就有最古老道教修行的记载。《管子》也有经济学的观念,《管子·乘马》一章中指出:"通过市场,可以通晓社会的治乱,可以通晓物资的多寡,只是不能通过它创造物资的多寡而已"②,"市场是天地生产的财富积聚交易的地方,天下万民交换获利的场所,这是发展经济的正道"③。

总览《管子》全书,内容较为庞杂,汇集了道、法、儒、名、兵、农、阴阳等百家之学。《管子》有一个中心思想,即主张法治的同时也提倡用道德教化来进行统治,对礼和法是并重的。提出德、法兼治的政治主张,在中国法律思想史上具有深远的影响。《管子》一书以黄老道家为主既提出以法治国的具体方案,又重视道德

---

① 出自《管子·治国》:凡治国之道,必先富民。民富则易治也,民贫则难治也。

② 原文:市者,可以知治乱,可以知多寡。

③ 原文:市者,天地之财具也,而万人之所和而利也,正是道也。

教育的基础作用；既强调以君主为核心的政治体制，又主张以人为本，促进农工商业的均衡发展；既有雄奇的霸道之策，又坚持正义的王道理想；既避免了法家忽视道德人心的倾向，又补充了儒家缺乏实际政治经验的不足，在思想史上具有不可抹杀的重要地位。

单元三 管仲相关的名言典故

一、名言汇编

【原文】知子莫若父。——《管子·大匡》。

【大意】没有比父亲更了解儿子的了。

【原文】朝忘其事，夕失其功。——《管子·形势》

【大意】早晨忘掉了他的事业，晚上就会失去他已取得的成就。

【原文】上下不和，令乃不行。——《管子·形势》

【大意】上级下级不和睦，政令就无法施行。

【原文】邪气袭内，正色乃衰。——《管子·形势》

【大意】不正之气侵入体内，健康的肤色就会衰退。

【原文】微邪，大邪之所生也。——《管子·权修》

【大意】要求人民走正道，就不能不禁止小的坏事。因为小的坏事最终导致大的坏事产生。

【原文】凡将举事，令必先出。——《管子·立政》

【大意】举办大事，一定先颁布法令。

【原文】福不择家，祸不索人。——《管子·禁藏》

【大意】祸福是由上天注定的，不会因为你的家贫家富而有所选择；也不会因为你是好人坏人而有所区别。

【原文】治国常富，而乱国必贫。——《管子·治国》

【大意】治理得好的国家往往是富有的，法纪混乱的国家必然民不聊生。

【原文】誉不直出，而患不独生。——《管子·禁藏》

【大意】荣誉不凭空出现，忧患不无故发生。

【原文】凡治国之道，必先富民。民富则易治也，民贫则难治也。——《管子·治国》

【大意】但凡治理国家的方法，必须首先使百姓富裕起来。百姓富裕就容易治理，百姓贫穷就难以治理。

【原文】谦谦君子，卑以自牧；伐矜好专，举事之祸也。——《管子·形势》

【大意】那些有道德、有修养的君子，总是以谦恭好礼、守法合矩的态度自处；那些骄傲自夸、好独断专行的态度，都是会给行事带来灾祸和不测的啊。

【原文】利莫大于治，害莫大于乱。——《管子·正世》

【大意】最大的好处是社会安定，人民安居乐业；最大的坏处是社会动乱，人民颠沛流离。

【原文】言不得过实，实不得延名。——《管子·心术上》

【大意】言语不得超过所述事物的实际，也不得以实际去谋求过分的名声。

【原文】天道之数，至则反，盛则衰。——《管子·重令》

【大意】指事物发展到极端就会走向反面，发展到鼎盛就会转向衰落。

【原文】仓廪实则知礼节，衣食足则知荣辱。——《管子·牧民》

【大意】人们粮仓充足才会懂得礼仪，丰衣足食才会看重荣誉和耻辱。

【原文】善气迎人，亲如兄弟；恶气迎人，害于戈兵。——《管子·心术下》

【大意】和颜悦色，善意待人，就会亲如兄弟；恶声恶气，粗暴待人，比使用兵器更加伤人。

【原文】务为不久，盖虚不长。——《管子·小称》

项目七　圣相管仲

【大意】弄虚作假，遮盖虚假的事情，用不了多长时间就会被识破。

【原文】观其交游，则其贤、不肖可察也。——《管子·权修》

【大意】观察他所交往的是些什么人，就能看出他是品德好的人还是不正派的人。

【原文】骄倨傲暴之人不可与交。——《管子·白心》

【大意】骄纵、傲慢、急躁、暴戾的人，不可与他交朋友。骄傲自大、暴戾自负的人，听不进意见，容不得他人，和他交往必然没有好结果，选择朋友时不可不慎。

【原文】不作无补之功，不为无益之事。——《管子·禁藏》

【大意】不要搞没有补益的工作，不要干没有益处的事情。

【原文】事者，生于虑，成于务，失于傲。——《管子·乘马》

【大意】各种事业总是产生于谋虑，成功于实干，失败于骄傲。任何事业的成功，都不会凭空得来，而是产生于深思熟虑和周密计划之中，凭借灵机一动，是勾勒不出宏伟的蓝图的。

【原文】海不辞水，故能成其大；山不辞土石，故能成其高；明主不厌人，故能成其众；士不厌学，故能成其圣。——《管子·形势解》

【大意】海洋不拒绝点滴之水，所以能那么大；山不拒绝些许土石，所以能那么高；圣明的君主不厌恶人多，所以能统治众民；读书人不厌恶学习，所以能为圣人。

【原文】草茅弗去，则害禾谷；盗贼弗诛，则伤良民。——《管子·明法解》

【大意】杂草不清除去，就损害庄稼的生长；强盗窃贼不消灭掉，良民就不得安生。

【原文】令重于宝，社稷先于亲戚；法重于民，威权贵于爵禄。——《管子·法法》

【大意】国家的政令重于物质财富，国家的利益要重于亲戚的利益；法令比个人重要，威望权力要比贵族的爵位、俸禄更值得珍重。

【原文】罚避亲贵，不可使主兵。——《管子·立政》

【大意】在执法时心慈手软，或偏私袒护不敢处理自己的近亲好友，或畏惧权势不敢惩罚达官权贵，这种人不能作三军统帅。

【原文】利之所在，虽千仞之山，无所不上；深源之下，无所不入焉。——《管子·禁藏》

【大意】凡是有利的地方，虽然是极高的山，没有不可以上去的；即使有极深的水，没有不可以下去的。

二、逸事典故

【尊王攘夷】

平王东迁以后，周天子权威大大减弱，诸侯国内的篡权政变和各国之间的兼并战争不断发生。与此同时，边境族群趁机入侵，华夏文明面临空前的危机。春秋时期的齐桓公在管仲的辅佐下尊崇周天子，并数次发动帮助诸侯国攘斥夷狄的战争而大获赞赏，其事迹被后世称为尊王攘夷。

公元前7世纪中期，齐桓公借助周天子的权威来震慑和威服诸侯，并帮助天子树立威望打击不臣服的四夷。齐国任用管仲改革，积极改革内政、发展生产、改革军制、组建强大军队。齐桓公以"尊王攘夷"为号召，扩充疆界，在葵丘召集诸侯会盟，周天子派人参加。齐桓公也因此成为春秋时期第一个霸主。在这个政策实施下，游牧民族就无法击破像秦、晋、齐、燕这样的前线诸侯国来实现对中原的征服，游牧民族反而要时刻面对来自诸侯侵夺牧场领地的威胁。

鲁僖公四年（公元前656年），齐桓公率领诸侯进入楚国，质问楚国为何不按时向周天子进贡祭祀所用的茅草而导致祭祀大典无法及时进行，使得楚国承认自己的错误。鲁僖公九年（前651年），齐桓公召集各路诸侯召开葵丘之盟，提出"尊周室，攘夷狄，禁篡弑，抑兼并"。周襄王派宰孔参加，并赐王室祭祀祖先的祭肉给齐桓公。

齐桓公二十三年（公元前663年），山戎攻打燕国，燕向齐求救，齐桓公救燕。齐桓公二十五年（公元前661年），山戎攻打邢国，管仲提出"戎狄豺狼，不可厌也；诸夏亲昵，不可弃也"，齐桓公再次发兵攻打山戎以救邢国。

这则典故的原意是尊奉周王为中原之主，抵御北方游牧民族。后来成为面对外族入侵时，结成民族统一战线的同义词。

【智过鬼泣谷】

管仲任齐国相国后，推行了一系列有效措施，使齐国日益强大起来。齐国君主齐桓公被各诸侯推举为盟主。齐国北面的山戎民族出兵攻打与齐国立盟的燕国，企图削弱齐国的势力。燕国君主亲率两万将士出战，却在一个叫鬼泣谷的地方中了山戎部落令支国首领密卢的埋伏，只逃出千余人。接着，山戎连拔三城，燕国急派使者向齐国求援。于是，齐桓公统率五万大军开向燕国。

无终国的国君也派遣大将虎儿斑率两千士兵助战。被管仲封为先锋将军的虎儿斑，一连收复了燕国失去的那三座城。但杀到一个叫里岗的地方时，却不敢前进了。他对齐桓公和管仲说："前面是鬼泣谷。如果山戎布下埋伏，我们就是插翅也休想过去。燕国两万大军就是葬身在那里的！"

管仲在路上早就想出了过鬼泣谷的计谋，他对虎儿斑说："将军既然有所顾虑，那你就跟在大军的最后吧。"管仲说着，拿出令牌："王子成父、赵川二将！你俩去前军按令牌所指行事，做好准备，明日清晨过鬼泣谷！"王子成父和赵川接令牌驾车而去。

第二天天刚亮，一辆辆战车向鬼泣谷驶去。只见马的嘴是被网笼住的；战车的轮子上绑有麻皮，发出的声音很小；战车上站着的将士则披甲握戈，显得格外高大；齐国的战旗在谷风的吹动下发出"哗啦哗啦"的响声。

这时，山戎令支国首领密卢举着"令"字小黄旗，出现在鬼泣谷的山头上，见齐军进入了他的伏击圈，就一挥小黄旗，喊声："打！"猛然间，箭、石、木齐下，有的击中齐军将士，有的把战车砸得稀巴烂，有的把"齐"字大旗打断了。

密卢挥动狼牙棒，率兵从山上冲下来。密卢冲到一个身中数箭仍立于战车上岿然不动的齐将前，举起狼牙棒对着齐将的头部狠击一棒。"咚"一声，把齐将的头盔打掉了。定睛一看，原来被打掉头盔的是披着衣甲的树桩。密卢知道中计，大惊失色。

此刻，鼓声大作。密卢闻声回头，只见齐国骁将王子成父和赵川率兵直扑过来。密卢大喝一声，挥舞着狼牙棒迎上去。他见远处有一个身材高大的人站在战车上，在观看两军作战，断定是齐国相国管仲，就径直朝那人扑去。所扑之处，齐兵无人抵挡得住。片刻，密卢已杀到管仲面前。说时迟，那时快，战车后数十枚箭齐发，密卢惨叫倒地。他手下一员大将冲进重围，把负伤的密卢抢了回去，往山戎的另一部落孤竹国逃去。

就这样，管仲智过鬼泣谷，解了燕国之围。

【管鲍之交】

管仲20来岁时就结识了鲍叔牙，起初二人合伙做点买卖，因为管仲家境贫寒就出资少些，鲍叔牙出资多些。生意做得还不错，可是有人发现管仲用挣的钱先还了自己欠的一些债，更可气的是到年底分红时，鲍叔牙分给他一半的红利，他也接受了。这可把鲍叔牙手下的人气坏了，有个人对鲍叔牙说，他出资少，平时他开销又大，年底还照样和您平分效益，显然他是个十分贪财的人，要我是管仲的话，我一定不会厚着脸皮接受这些钱的。鲍叔牙斥责他手下道：你们满脑子里装的都是钱，就没发现管仲的家里十分困难吗？他比我更需要钱，我和他合伙做生意就是想要帮帮他，我情愿这样做，此事你们以后不要再提了。

后来二人又一起充了军，二人更是相依为命。有一次齐国和邻国开战，双方军队展开了一场大厮杀，冲锋的时候管仲总是躲在最后，跑得很慢，而退兵的时候，管仲却飞一样地奔跑。当兵的都耻笑他，说他贪生怕死，领兵的想杀一儆百拿管仲的头震慑那些贪生怕死的士兵。关键时刻又是鲍叔牙站了出来替管仲辩护道：管仲的为人我是最了解不过了，他家有80多岁的老母亲无人照顾，他不能不忍辱含羞地活着以尽孝道。管仲听了鲍叔牙的这番话，感动得流下了热泪，他哭诉道：生我的是父母，而了解我管仲的，唯有鲍叔牙啊！过了两年多，管仲的老母病逝，他心中没了牵挂，这才塌下心来为齐国效命，果然是比谁都作战英勇，很快就得到了提拔重用。

齐襄公的弟弟公子纠发现管仲是个人才，便要他当了自己的谋士，也就是参谋长一类的官吧。而鲍叔牙呢，也偏偏被齐襄公的另一个弟弟公子小白看中，拜其为军师。两个好朋友各自辅助一个公子，都干得很卖力气。可是好景不长，昏庸的齐襄公总是疑心他两个同父异母的弟弟要篡夺他的王位，就让手下的人找机会干掉公子纠和公子小白。这两个公子听到了风声，公子纠带着管仲就跑到了鲁国，公子小白也跟着学，他带着鲍叔牙跑到了莒国。

公元前686年的冬天，齐襄公被手下将士杀死，他的弟弟公孙无知被立为齐王。没几个月，公孙无知又被手下大臣给杀掉了。流亡在莒国的公子小白和寄居在鲁国的公子纠得到消息后，都觉得自己继承王位的机会来了，急忙打点行装回国。

管仲是公子纠的军师，他提醒公子纠说："公子小白所在的莒国离齐国很近，如果他抢先一步回到齐国，我们就没戏了。"于是，管仲先带一队快马去拦截公子小白，让鲁国大将曹沫带另一队人马赶往齐国。

管仲带着人马赶到莒国和齐国的交界处，正碰上鲍叔牙从莒国

带了一队人马，护送着公子小白而来。

管仲上前拦住去路，问道："敢问公子要去哪里？"公子小白回答说："我回国办丧事去啊！"管仲撒谎说："您的哥哥公子纠已回到齐国操办此事了！"

鲍叔牙呵斥管仲："如果公子纠真的回到齐国，你干吗还带人来拦截我的主公呢？"命令部队火速前进。

管仲见状，搭弓取箭，朝公子小白射去。小白大叫一声，栽倒在车上。管仲带着人马飞逃而去。

没想到，管仲这一箭恰好射在公子小白的带钩上，没伤到人，公子小白是装死。这个公子小白，史称齐桓公，是春秋时期五位霸主之首。

管仲自以为射死了公子小白，回到公子纠身边，与曹沫一起护送公子纠继续向齐国进发。到齐鲁边界时，齐国使者拦住了他们的车马，说："齐国新君公子小白已登基，请你们离开齐国。"

管仲一听，才知自己没把事情办好。他杀了齐国使者，公子纠命令大将曹沫攻打齐国，结果大败，公子纠和管仲又逃回了鲁国。

公子小白命鲍叔牙领兵30万攻打鲁国，鲁国连连败北，鲁庄公派人与齐国讲和。公子纠与齐桓公本是一母同胞，齐桓公不便亲自杀掉公子纠，就请鲁国代为执行。公子纠的辅臣管仲和召忽是齐桓公的仇人，要带回齐国处置。鲁国于是杀掉了公子纠，将管仲、召忽二人交给鲍叔牙。召忽不愿返齐受罪，自杀身亡。管仲作为囚犯随鲍叔牙返齐。

到达齐鲁边境时，鲍叔牙放了管仲。回国后，鲍叔牙对齐桓公说："管仲乃天下奇才，您不可不得，我可以助您治理齐国，然而管仲可助您称霸天下。"齐桓公不计前仇，亲自出城迎接管仲，任命他为相国，从此齐国走上了称霸之路。

管仲感慨地说："生我者父母，知我者鲍叔牙也。"二人的友情，为千古称颂，而这其中又与鲍叔牙知人善谏、齐桓公胸怀大度是分不开的。

【老马识途】

齐军兵围孤竹国，孤竹国派人诈降齐军，献上山戎首领首级，谎称孤竹国国君已弃国逃往沙漠。齐桓公以降将为前部，率军追赶。孤竹国降将将齐军诱入荒漠，自己则乘人不备逃之夭夭。此时天色已晚，放眼望去只见茫茫一片平沙，狂风卷地，寒气逼人，齐军前后队失去了联系。齐桓公有些不知所措，忙向管仲求教解危之计。管仲沉吟片刻，遂让随行兵士敲锣打鼓，使各队闻声来集，屯扎一处，挨至天明。谁知，天虽已亮，沙漠中却炎热异常，又无饮水，一望无际的沙漠难辨方向，全军将士焦急万分。管仲见状，忙向齐桓公建议道："臣听说老马识途，燕马多从漠北而来，也许熟悉此地，大王不妨令人挑选数匹老马放行，或许可以寻见出路。"齐桓公依其言，命人取数匹老马，放之先行，军队紧随其后，果然走出险地。

教学活动设计

一、课堂教学

通过讲授、诵读、故事演绎等方法，引领学生走近管仲，品读经典，了解管仲改革的背景，学习管仲的为政举措和哲学思想，形成正确的价值取向，培养学生生活和职业中的人文情怀和文化品位，帮助学生形成高尚的道德情操和刚正的品格，提高综合素质。

二、课外拓展

1. 结合管仲文献，举办祭奠圣贤经典诵读活动。
2. 参观管仲纪念馆，进一步了解管仲的经历和博大思想。
3. 诵读《管子》中的经典章句。
4. 举办专家讲座，进一步了解圣贤的微言大义，形成正确的价值取向，培养健全的人格。

项目八
兵圣孙武

项目八 兵圣孙武

孙武（约公元前545—约前470年），字长卿，春秋末期齐国乐安①人。著名的军事家、政治家，被誉为"百世兵家之师""东方兵学的鼻祖"。他著有巨作《孙子兵法》十三篇，为后世兵法家所推崇，被誉为"兵学圣典"，置于《武经七书》②之首，在中国乃至世界军事史、军事学术史和哲学思想史上都占有极为重要的地位，并在军事、政治、经济、文化、哲学等领域被广泛运用。《孙子兵法》被译为英文、法文、德文、日文等多国文字，成为国际最著名的兵学范本。

单元一 孙武生平

孙武生年约为公元前545年，约12岁时，他的祖父因伐莒有功而获得在今山东惠民县的采邑，齐景公又赐其姓孙氏，于是孙武全家就在那里定居下来。约18岁时，孙武因厌恶齐国内部卿大夫之间长期激烈的倾轧斗战而奔吴。在吴隐居期间，他开始了兵法的撰著。约23岁时，他以兵法觐见吴王，被任为将。约29岁时，他率领吴军西破强楚，破楚归来后，又北威齐晋。约41岁时，终于使吴国南面的

---

① 今山东广饶县。
② 《武经七书》是北宋朝廷作为官书颁行的兵法丛书，是中国古代第一部军事教科书。它由《孙子兵法》《吴子兵法》《六韬》《司马法》《三略》《尉缭子》《李卫公问对》七部著名兵书汇编而成。

劲敌越国屈服。约51岁时，他的好友伍子胥被杀，给他的晚年生活蒙上了阴影。从此，他再度隐蔽深居，修订兵法著作。

一、齐国贵族

孙武祖上有确切的世系从舜的后代虞阏父开始。周武王伐纣时，虞阏父当周国陶正之官，执掌陶器的制作，管理从事制陶的百工。由于其管理有方，器用齐备，周武王将长女大姬嫁给虞阏父之子满，把他封到今河南淮阳县一带，建立陈国，并赐满以妫姓，称为胡公，当了陈国的第一代君主。《婺东忠孝世家孙氏宗谱》[①]载："吾家祖本周文王第八子康叔，封于卫，至武公子惠孙为卫上卿，因以孙为氏，历年久矣。迨东汉有讳钟者，以种瓜阴德，遇仙指地，其嗣坚者……"；《昆溪孙氏宗谱》亦载："昆溪孙氏，其吴宁之鼎族乎。康叔分封以来，代多贤人。其后一兴于吴国，蕃衍于富春。"

从胡公满开始，经过十代十二个国君的世袭传授，到桓公时，陈国发生了内乱。陈厉公之子完，因内乱不得立，而奔往齐国，他是孙武的直系祖先。陈完在齐国积极活动，至四世孙田桓子（陈无宇）已官为"上大夫"[②]。田桓子生五子：田武子（田开）、田僖子（田乞）、陈昭子（田昭）、田书、子亶。其中田书于昭公十九年（公元前521年）因伐莒有功，被齐景公封乐安，赐姓孙氏，孙书（田书）便是孙武的祖父，孙书生凭，凭生孙武。

孙武便是出身于这样世代显贵的上层贵族家庭，他的曾祖父陈无宇、祖父孙书都是善于带兵作战的将领。在楚、齐与晋的棘泽之战中，陈无宇亲临前线，与楚军并肩作战。在战争结束归来时，楚君"使薳启强帅师送陈无宇"[③]。陈无宇又曾"授甲"[④]，

[①] 浙江东阳《婺东忠孝世家孙氏宗谱》，清光绪三十一年（1905年）。

[②] 上大夫，先秦官名，战国时，官爵分为卿和大夫两级，在卿中有上卿、亚卿之分。在大夫之中，有长大夫、上大夫、中大夫等。后世遂以大夫为一般官职之称。

[③] 见《左传·襄公二十四年》。

[④] 有两种释义：授予甲胄；武装起来。

带领自己宗族的军队与鲍氏一起"伐栾、高氏"①，在卿大夫之间的角逐中进行过激战。孙武的祖父孙书沉着机智地指挥过一次有名的齐军伐莒的战斗。陈氏原来因庆氏的势力大而从庆氏，后知庆氏在卿大夫中陷于孤立，便改变了态度，与栾、高、鲍氏联合攻杀庆氏②。陈无宇又用自己设置的大量器贷出，用旧有的小量器收进，以此来笼络民心，因而齐民"爱之如父母，而归之如流水"③。从这些都可以看出，在齐国复杂的政治斗争中，孙武的祖上就很有谋略、善权变。

上层贵族的世系，军事将领的门庭，多谋善变的祖辈，这些都使孙武有机会接受到军事素养方面的良好教育，学习积累了比较广泛的军事理论知识，为他后来的兵法研究、著述兵书和战场上建功立业，奠定了良好的基础。孙武少年时生活的齐国，内部矛盾重重，危机四伏。公元前532年，齐国新旧势力之间发生了一次激烈的武装斗争。斗争中，田氏联合鲍氏，打败了以栾氏、高氏为代表的旧贵族势力。此事史称齐国"四姓之乱"。在此之后，孙武为了避开复杂险恶的环境，离开了齐国，到南方新兴的吴国居住。从此孙武一生的事业就在吴国展开了。

二、军旅生涯

孙武在吴都④郊外，结识了从楚国投奔而来的伍子胥，因两人都是为了避乱从邻国投奔到此，年纪相仿，志趣相投，住得又很近，所以很快就成为亲密的朋友。此时，伍子胥知道吴公子光要杀吴王僚而自立，便物色了一位勇敢的刺客专诸进献给公子光，自己隐居在吴都西南百余里处，静待局势变化。而孙武"隐于罗浮山之东"，

---

① 见《左传·昭公十年》。
② 见《左传·襄公二十八年》。
③ 见《左传·昭公三年》。
④ 今江苏苏州市。

开始酝酿着手兵法的撰著工作。

公元前515年，即孙武奔吴后两年，吴公子光利用吴国大军伐楚，国内空虚的机会，以专诸为刺客，袭杀吴王僚而自立，号为吴王阖闾。吴王即位后，就举用伍子胥谋划兴国大计。发展生产，建筑城墙，制造武器，训练军队，吴国呈现出欣欣向荣的气象。面对吴国这种气象，孙武也十分兴奋，便加

紧撰写他的兵法著作。需要一提的是，孙武撰写兵书很大程度上就是为了进献给吴王，他在兵法之首的《计篇》中开门见山地说："将听吾计，用之必胜，留之；将不听吾计，用之必败，去之。"可见孙武在撰著兵法之时，是谋图在吴国建功立业的。

公元前512年，吴王与伍子胥商议，准备向西进兵。伍子胥"七荐孙子"，使得吴王阖闾同意了接见孙武。在隐居时，孙武已经写成《孙子兵法》。他带着自己所著的兵法来见吴王，吴王阖闾见后很是赞叹。吴王任命孙武为吴将，并常常与孙武探讨各种各样的军事及政治问题，都能获得满意的答案。这年，孙武与吴王、伍子胥、伯嚭一起将兵伐楚，攻克楚的属国舒，同年又用水攻灭徐。吴王阖闾欲长驱入郢，孙武加以劝阻，并与伍子胥商议，提出了疲楚、克楚的良策。次年，吴人就"伐夷，侵潜"，对楚进行骚扰。

公元前508年，吴国采用孙武"伐交"的战略，策动桐国，使其叛楚。然后，又使舒鸠氏欺骗楚人说："楚若以师临吴，吴畏楚之威势，可代楚伐桐。"十月，吴军乘楚人不备击败楚师于豫章；接着又攻克巢，活捉楚守巢大夫公子繁。

公元前506年，吴军采取孙武"因粮于敌"的策略，吃了楚人

的食物而继续追赶。最后在孙武、伍子胥的直接指挥下，经过"五战五胜""以三万破楚二十万"①，只用了十几天工夫，就攻入了楚都郢。这次战争是孙武军事才能最精彩的展示。

公元前504年，吴军败楚舟师，攻克番，又败楚陆师于繁扬。楚因惧亡而将国都由郢迁鄀。

吴王阖闾在战争中重伤而死，后由夫差继位，他立志要报仇雪恨。孙武、伍子胥等大臣继续辅佐夫差，努力积蓄钱粮，充实府库，制造武器，扩充军队，经过三年，吴的国力得到恢复。

公元前494年，越王勾践进攻吴国。吴军由伍子胥、孙武策划，在夜间布置了许多"诈兵"，分为两翼，点上火把，向越军袭击，越军很快大败。接连吃了几次败仗后，勾践只得向吴屈辱求和。

吴王夫差取得霸主地位后，骄奢淫逸，目空自大。孙武同夫差的分歧越来越大。孙武50多岁的时候，至交好友伍子胥被杀，孙武不再为吴国的对外战争谋划出力，转而隐居乡间，修订其兵法著作。孙武卒于大约公元前470年左右。从退隐到寿终，孙武一直没有离开吴国，死后则葬于吴都郊外。

单元二　孙武的主要成就

孙武作为春秋时期著名的军事家、政治家，其主要成就集中在他的军事思想及辉煌战绩，他为后人留下了千古巨著《孙子·兵法》。

一、主要成就

军事思想：孙武的军事思想是建立在"安国全军"的仁德基础上的大智慧、大谋略。它包含很多方面，如合道的战争观、慎战的

---

① 见刘向《新序》。

国防思想、不战而屈人之兵的理想战争境界以及对君王将领的严格要求等。孙武的战争观突出表现之一就是强调战争的重要目的就是获利。这与"以仁为本，以义治之"①的古战争观相比具有超越时代性。然而，孙武的战争观

并不仅仅只强调获利，他仍然继承古代仁、义的战争观，结合在一起，就形成孙武合道的战争观。战争所获之利应顺乎民心，与国家、民族、百姓的利益一致。同时，战争既关系到国家的兴衰，又要劳民伤财，因此，他在对待战争问题上既不回避战争即重战，又主张慎战。他说："兵者，国之大事，死生之地，存亡之道，不可不察也。"②然而，一旦战争开始，他主张战争应以最小的伤亡换取最大的胜利。他说："故上兵伐谋，其次伐交，其次伐兵，其下攻城。"③"不战而屈人之兵"虽然是孙武的理想战争境界，但面对残酷的现实，孙武不得不通过"外交""计谋""军队建设"等手段尽量减少己方的伤亡。然而，这又与国家最高统治者君王及统帅军队的将领有密切的关系，因此孙武对君王将领的素质提出了严格的要求。这些都是相辅相成的，形成了孙武严密、高效、超前的军事思想。

辉煌战绩：公元前532年的齐国内乱后，孙武毅然到了南方的吴国，潜心钻研兵法，著成兵法十三篇。公元前512年，经吴国谋臣伍子胥多次推荐

① 见《司马法·仁本》。
② 见《孙子兵法·始计》。
③ 见《孙子兵法·谋攻》。

项目八 兵圣孙武

论惊世骇俗，见解独特深邃，引起了一心图霸的吴王的深刻共鸣，连声称赞孙武的见解，并以宫女180名让孙武操演阵法，当面试验了孙武的军事才能，于是任命孙武以客卿①身份为将军。公元前506年，吴楚大战开始，孙武指挥吴国军队以三万之师，千里远袭，深入楚国，五战五捷，直捣楚都，创造了中国军事史上以少胜多的奇迹，为吴国立下了卓著战功。

二、《孙子兵法》

《孙子兵法》又称《孙武兵法》《吴孙子兵法》《孙子兵书》《孙武兵书》等，是中国现存最早的兵书，也是世界上最早的军事著作，被誉为"兵学圣典"。全书将与战争有关的军事问题分作十三篇加以论述。各篇既能独立成章，相互之间又有密切的联系，上下承启，前后相衔，浑然一体，其内容博大精深，思想精邃富赡，逻辑缜密严谨，是古代军事思想精华的集中体现。所以古人说："其义各主于题篇之名，未尝泛滥而为言也。"

在《孙子兵法》中，孙武强调战争的胜负不取决于鬼神，而是与政治清明、经济发展、外交努力、军事实力、自然条件诸因素有立面朝着有村争胜负主要就是分析以上这些条件如何。孙武不仅相体科学中概括和总结出了异常乎世界上的事物都在不停地运动变化在春秋末期思想界中与孔子、老子的并列地位，视能动性，促成对思想界上空的三颗明亮的星体。而且也正是由于孙子对战争规律是

① 古代官名，春秋战国时授予非本国人而在本国当高级官员的人。

行了高度抽象的概括，因此，《孙子兵法》中提出的谋略思想，不仅可以适用于军事活动领域，而且还可适用于政治、外交、经济、企业等人类社会生活的其他各种领域。《孙子兵法》所阐

述的战略、战术问题，都贯穿着深刻的哲学思想。而且，其阐述兵理都极具特色，突出的特点是"舍事而言理，词约而义丰"，具有高度的哲理性。受此影响，后世兵书很自然地形成了以哲理谈兵的传统，从而形成了中国兵书"舍事言理"或"以理系事"的创作风格。因此，《孙子兵法》不仅在兵家思想中具有极为重要的意义，而且在哲学领域也占有举足轻重的地位。尤其是《孙子兵法》在中国古典哲学领域占据重要的地位，它在世界观、认识论和方法论等方面都奠定了中国古典哲学的基础。

1. 反天命的唯物主义无神论思想

孙武认为自然界的天是物质的，天体运动是有规律的，是可以认识和利用的。"四时无常位，日有短长，月有死生"[①]，都处在运动、变化之中。自然界的天时、地利，可以使之服务于军事斗争。他在《火攻》中对于天时的利用有许多古朴而珍贵的论述，如"昼风久，夜风止"，白天刮了一天风，夜晚风势会减弱直至停止，因而这一夜就不宜发起火攻。他还发现"月在箕、壁、翼、轸"四个星宿位置时，必然有大风，可以采取火攻。诸如此类关于利用自然界的客观规律为战争服务的观点，无可辩驳地说明孙武的宇宙观是唯物主义的。在世界观方面，孙武认为世界是客观存在的，是不以人的意志为转移的。同时，在具体的实践中，《孙子兵法》认为战争的胜负因素是客观存在的，战争有它自身的规律，只要指挥官发挥主观能动性，就定能取得胜利。

---

① 见《虚实篇》。

2. 认识论上的朴素辩证法思想

朴素辩证法思想是《孙子兵法》最核心的部分。孙武的辩证思想涉及军事领域中的诸多矛盾，如众寡、强弱、攻守、进退、奇正、虚实、动静、迂直、勇怯、治乱和胜负等一系列矛盾。分析事物矛盾强调"两点论"，是孙武考虑和处理问题的指导思想，体现了《孙子兵法》的辩证思维。他说："是故智者之虑，必杂于利害。杂于利而务可信也，杂于害而患可解也。"① 这是他认识和解决战争中各种矛盾的一把钥匙。他看到，无论攻守、强弱、劳逸、奇正、虚实、远近等战争中的对立双方，都是互相依存的，利害相联的，可以转化的。战争是运动的，战争中的矛盾现象是发展变化的。孙武把这些变化比作"无穷如天地，不竭如江河"②。他在《势篇》中指出："乱生于治，怯生于勇，弱生于强。"治与乱，勇与怯，强与弱不是固定的，而是变化的。"恃治而怠则生乱；恃勇而骄则生怯；恃强而懈则生弱"，也就是说，事物都可以向正的方向发展，也可以向反的方面转化，为此孙武告诫将帅要勿怠、勿骄、勿懈。同时因战争是一个充满概然性的领域，因此孙武观察问题的方法还体现了透过现象探索本质的思维方式。他在《行军篇》中有这样一段论述："众树动者，来也；众草多障者，疑也；鸟起者，伏也；兽骇者，覆也。"这里所说的"树动""草障""鸟起""兽骇"都是战场上的现象，而"来""疑""伏""覆"却是敌情存在的本质。透过现象，抓住本质，同样反映了孙武的辩证思维。

3. "奇正相生"的军事辩证法思想

孙武军事辩证法思想中，谈矛盾转化的问题，最突出、最有创造性的部分是关于战势的奇正相生，奇正转化的问题。孙武说："战势不过奇正，奇正之变，不可胜穷。奇正相生，如环之无穷，孰能穷之？"这就是说，战争的态势或奇或正，奇正相生，变化无穷，像无端的环一样，是很难完全掌握和穷尽的。这里所谓正，即指战

---

① 见《九变篇》。
② 见《势篇》。

争态势方面的一般正规的形式；所谓奇，即指其多变的特殊的形式。"凡战者，以正合，以奇胜，故善出奇者，无穷如天地，不竭如江河。""兵无常势，水无常形，因敌之变化而取胜者，谓之神。"这就是说，要充分发挥战争指挥者的主观能动性，利用矛盾相互转化的原理，根据敌军态势的变化，随时变更战略战术，以出奇制胜。

4. 朴素唯物论的战争观

在《孙子兵法》中，孙武在论述战争制胜的条件时，首先就阐明了政治与战争的关系。他把"道"放在"五事"之首，这足以证明他已经认识到新兴地主阶级要夺取战争的胜利，首要的问题就是革新政治，其目的在于"令民与上同意"。只有这样，才能够在战争中使民众和士卒能"与之生，与之死"，"而不畏危也"。他明确提出把政治作为战争的首要条件，并深刻地阐明了政治与战争的辩证关系，在我国历史上乃至世界军事史上还是第一人。他比19世纪德国著名军事家克劳塞维茨提出的"战争是政治的继续"的著名理论要早2 000多年。这也是孙武对我国古代军事理论的重要贡献，也充分体现了《孙子兵法》朴素唯物论的战争观。

5. 重视将帅主观能动性的"胜可为"[①] 思想

"胜可为"是孙武以唯物主义的观点对待主观因素在战争中的作用的表述，意思是说，胜利是可以争取的。如何争取战争的胜利，主观因素是重要方面，因为任何战争都要在人的主观指导下进行，主观因素如发挥不当，战争就难以避免失败的厄运，他提出的"主不可以怒而兴师，将不可以愠而致战"，告诫指导战争的人们，主观因素一定要建立在客观基础上，保持理智和冷静，避免感情冲动。因为"怒可以复喜，愠可以复悦"，感情是不断变化的，但"亡国不可以复存，死者不可以复生"，凭感情冲动造成的后果是无法挽回的。他把坚持唯物主义态度，防止凭主观感情指导战争提到"安国全军之道"的高度，要求"明君慎之，良将警之"。这样，孙武不仅反对以天命论为代表的客观唯心主义，而且反对以主观感情去决定战争的主观唯心主义。

① 见《虚实篇》。

纵观《孙子兵法》，孙武对战争的指导思想，充分显示了兵学与唯物主义哲学的统一，正是由于有了唯物主义思想做基础，其军事思想才能大而俯仰宇宙之雄阔，小而详察青萍之毫末，使人领略到一往无前、战无不胜的力量。

单元三　孙武相关的名言典故

一、名言汇编

【原文】兵者，诡道也。故能而示之不能，用而示之不用，近而示之远，远而示之近；利而诱之，乱而取之，实而备之，强而避之，怒而挠之，卑而骄之，佚而劳之，亲而离之。攻其无备，出其不意。此兵家之胜，不可先传也。——《孙子兵法·始计篇》

【大意】用兵，是以诡诈为原则的。因而，"能"要使敌人看成"不能"，"用"要让敌人看作"不用"；"近"要让敌人看作"远"，"远"要让敌人看作"近"；敌人贪利，就诱之以利而消灭它；敌人混乱，就抓紧时机立刻消灭它；敌人实力雄厚，则须时刻戒备它；敌人精锐强大，就要注意避开它的锋芒；敌人褊急易怒，就挑逗它，使它失去理智；敌人小心谨慎，稳扎稳打，就设法使它骄傲起来；敌人内部和睦，就离间其关系。在敌人没有准备的情况下进攻，在敌人意想不到的条件下出击。这些，是军事家用兵之佳妙奥秘，是不可事先规定或说明的。

【原文】故曰：知彼知己者，百战不殆；不知彼而知己，一胜一负；不知彼，不知己，每战必殆。——《孙子兵法·谋攻篇》

【大意】因此，可以说：了解对方也了解自己的，百战不败；不了解对方而了解自己的，胜负各半；不了解对方，也不了解自己的，每战必败。

【原文】孙子曰：夫用兵之法，全国为上，破国次之；全军为上，破军次之；全旅为上，破旅次之；全卒为上，破卒次之；全伍为上，破伍次之。是故百战百胜，非善之善者也；不战而屈人之兵，善之善者也。——《孙子兵法·谋攻篇》

【大意】孙子说：大凡用兵的原则，使敌举国不战而降是上策，击破敌国使之降服是次一等用兵策略；使敌全军不战而降是上策，击破而取胜是次一等用兵策略；使敌全旅不战而降是上策，击破敌旅而取胜是次一等用兵策略；使敌全卒不战而降是上策，击破敌卒使之降服是次一等策略；使敌全伍不战而降是上策，击破敌伍而取胜是次一等策略。因此，百战百胜，并非好的用兵策略中最好的，不交战而使敌屈服，才是用兵策略中最好的。

【原文】故上兵伐谋，其次伐交，其次伐兵，其下攻城。攻城之法为不得已。——《孙子兵法·谋攻篇》

【大意】因而，最好的用兵策略是以谋略胜敌，其次是以外交手段胜敌，再其次是通过野战交兵胜敌，最下等的是攻城。攻城是在不得已的情况下才采取的（办法）。

【原文】乱生于治，怯生于勇，弱生于强。——《孙子兵法·兵势篇》

【大意】乱与治，怯与勇，弱与强是相互对立的。在一定条件下，又可以相互转化。孙武指出战争中有无数矛盾的范畴，这些矛盾是相互依存、相互转化的。

【原文】兵无常势，水无常形，能因敌变化而取胜者，谓之神。——《孙子兵法·虚实篇》

【大意】用兵作战没有一个固定的方式方法，就像水没有固定的形状一样，能依据敌情变化而取胜的，就称得上用兵如神。孙武认为战争无时不在变化之中，要根据情况的变化，掌握战机，才能战胜敌人。

【原文】三军可夺气，将军可夺心。——《孙子兵法·军争篇》

【大意】对于敌方三军，可以挫伤其锐气，可使其丧失士气，对于敌方的将帅，可以动摇他的决心，可使其丧失斗志。

项目八　兵圣孙武

【原文】故将有五危,必死可杀,必生可虏,忿速可侮,廉洁可辱,爱民可烦。凡此五者,将之过也,用兵之灾也。覆军杀将,必以五危,不可不察也。——《孙子兵法·军争篇》

【大意】所以,将领有五种致命的弱点:坚持死拼硬打,可能招致杀身之祸;临阵畏缩,贪生怕死,则可能被俘;性情暴躁易怒,可能受敌轻侮而失去理智;过分洁身自好,珍惜声名,可能会被羞辱引发冲动;由于爱护民众,受不了敌方的扰民行动而不能采取相应的对敌行动。所有这五种情况,都是将领最容易有的过失,是用兵的灾难。军队覆没,将领牺牲,必定是因为这五种危害,因此一定要认识到这五种危害的严重性。

【原文】故令之以文,齐之以武,是谓必取。令素行以教其民,则民服;令不素行以教其民,则民不服。令素行者,与众相得也。——《孙子兵法·行军篇》

【大意】所以,要用"文"的手段即用政治道义教育士卒,用"武"的方法即用军纪军法来统一步调,这样的军队打起仗来就必定胜利。平素能认真执行命令、教育士卒,士卒就能养成服从的习惯;平素不认真执行命令、教育士卒,士卒就会养成不服从的习惯。平素所以能认真执行命令,是由于将帅与士卒相互取得信任的缘故。

【原文】故曰:知彼知己,胜乃不殆;知天知地,胜乃不穷。——《孙子兵法·地形篇》

【大意】所以说:了解敌方,了解我方,就能必胜不败;了解天时,了解地利,胜利就不可穷尽了。

【原文】投之亡地然后存,陷之死地然后生。——《孙子兵法·九地篇》

【大意】把士卒投入危地才能保存,使士卒陷入死地然后才能得生。

【原文】怒可以复喜,愠可以复悦;亡国不可以复存,死者不可以复生。故明君慎之,良将警之,此安国全军之道也。——《孙子兵法·火攻篇》

【大意】恼怒可以重新欢喜，怨愤可以重新高兴，国亡了就不能再存，人死了不能再活。所以明智的国君对战争问题一定要慎重，良好的将帅对战争问题一定要警惕，这是安定国家和保全军队的关键！

二、逸事典故

【吴宫教战】

据《史记》记载，公元前512年，吴王阖闾仔细阅读了孙武晋献的兵法十三篇，又召见他进行了广泛的交谈，内心非常敬佩，但又心生疑窦，在诸侯国间雄辩善谈的说客很多，他们往往缺乏真才实学。为了试探孙武的军事才能，吴王对孙武说："先生所言极是，是否可以试试练兵呢？"孙武答："可以。"阖闾问："可以用妇女试吗？"孙武说："完全可以。"

吴王遂从后宫挑选宫女180名，领到练兵场上，交给孙武演练。孙武将她们分为两队，指定两名吴王宠妃为队长，执黄旗前导。孙武严肃认真地宣布："你们看着我手中的令旗，听着金锣鼓声，令旗向上，整队起立，令旗指心，队伍前进，令旗指背，队伍退守；左手举令旗，队伍向左行进，右手举令旗，队伍向右行进。"问："大家听清楚了吗？"这些平时娇生惯养的宫女乱喳喳地回答："清楚了。"

演练开始，队伍一片混乱。孙武严肃宣布："没有讲清楚，是我为将的过错。"再次说明演练要求、列队动作以及军法纪律以后，进行演练，仍然混乱得很，这样做了三次。孙武为严肃军纪，斩了两名队长。另选两人为队长，再演练时，所有动作完全符合要求。孙武向吴王禀报："请大王检查，这支队伍已可为王所用，驰战沙场了。"

吴王传旨："将军练兵结束，请回馆舍休息。"自己却沉浸在痛失爱妃的伤悲之中。

【孙武宴酒】

公元前506年，孙武率军出其不意，逆淮而上，直插汉水，想取楚国国都。但是，隔岸探查敌情，发现敌众我寡，六万吴军千里奔袭，士兵疲惫，军心有些涣散。孙武看到这种情况，计上心来。

在大战之前，孙武将自酿的美酒列于军前，酒香四溢，沁人心脾。闻其香，酒兴大起。品其妙，数日之劳顿尽消也。军士都很高兴。正当军士都准备大喝一场时，孙武却又命人撤去美酒，正色道，此等美酒，是天降甘霖，待吾军完胜，方可痛饮之！第二天，鼓声四起，吴军势如猛虎，五败楚军，终攻破郢城，大胜而归。孙武兑现承诺，在楚地内大宴犒赏全军。此后，孙武每次胜仗后必赐此美酒于军士。更将此酒作为贡品，献于吴王阖闾。吴王大喜，惊为天露。从此以后，此酒因孙武而得名，孙武传家酒后人称其"孙武宴"。

教学活动设计

一、课堂教学

通过课堂讲授、情景模拟等教学方法，引领学生走近兵圣孙武，品读《孙子兵法》，了解兵圣的朴素唯物论和辩证思想，结合当前国情、社会风俗及学生自身情况，培养学生辩证思维及处世哲学，提高综合素质。

二、课外拓展

1. 观看《孙武》传记电视，在了解历史的前提下熟读《孙子兵法》。

2. 开展课外《孙子兵法》实践活动。

3. 诵读《孙子兵法》中的经典章句，并结合实际学习生活进行实践体验。

项目九
科圣墨翟

墨子，名翟，生卒年不详，春秋末期战国初期鲁①人，战国时期著名的思想家、教育家、科学家、军事家。墨子创立了墨家学说，是墨家学派的创始人，墨家在先秦时期影响很大，与儒家并称"显学"②。墨子提出了"兼爱""非攻""尚贤""尚同""天志""明鬼""非命""非乐""节葬""节用"等观点。同时，他还创立了以几何学、物理学、光学为突出成就的一整套科学理论。在当时百家争鸣的环境下，有"非儒即墨"之称。墨子的弟子根据墨子生平事迹的史料，收集其语录，完成了《墨子》一书传世。

单元一　墨翟生平

墨子是宋国贵族目夷的后代，生前担任宋国大夫。但是，墨子其实是生于鲁，长于鲁，学于鲁，成于鲁，兴于鲁，后仕于宋，卒于鲁阳。

一、早年经历

墨子的先祖是殷商王室，顾颉刚③《禅让说起源于墨家考》说："墨确是他的真姓氏，而且从这个姓氏上，可知道他是公子目夷之

---

① 今山东滕州。
② 韩非子著有《显学》。《显学》称：世之显学，儒墨也。儒之所至，孔丘也；墨之所至，墨翟也。
③ 顾诵坤（1893—1980），字铭坚，号颉刚，小名双庆，笔名有余毅、铭坚等。汉族，江苏苏州人。中国现代著名历史学家、民俗学家，古史辨学派创始人，现代历史地理学和民俗学的开拓者、奠基人。

后，原是宋国的贵族。"童书业[①]《春秋左传研究》说："墨子实目夷子后裔，以墨夷为氏，省为墨也。"

当墨子出生时，墨氏却早已沦为平民，故墨子一生都称自己为"北方之鄙人"。虽然其先祖是贵族，但墨子却是中国历史上唯一一个农民出身的哲学家。作为一个平民，墨子在少年时代做过牧童，学过木工。据说他制作守城器械的本领比公输班还要高明。他自称是"鄙人"，被人称为"布衣之士"。作为没落的贵族后裔，他自然也受到必不可少的文化教育。墨子是一个有相当文化知识，又比较接近工农小生产者的士人。自诩说"上无君上之事，下无耕农之难"，是一个同情"农与工肆之人"的士人。在他的家乡，滔滔的黄河奔流东去，墨子决心出去拜访天下名师，学习治国之道，恢复自己先祖曾经有过的荣光。墨子穿着草鞋，步行天下，开始在各地游学。墨子师于儒者，学习孔子的儒学，称道尧舜大禹，学习《诗》《书》《春秋》等儒家典籍。但墨子批评儒者对待天帝、鬼神和命运的不正确态度，以及厚葬久丧和奢靡礼乐，认为儒家所讲的都是华而不实的废话，"故背周道而行夏政"。

二、创立墨学

墨子最终舍掉了儒学，另立新说，在各地聚众讲学，以激烈的言辞抨击儒家和各诸侯国的暴政。大批的手工业者和下层士人开始

[①] 童书业（1908—1968），字丕绳，号庸安。祖籍浙江鄞州区，出生于安徽芜湖。20世纪著名的史学家，古史辨派的代表，专于先秦史，兼治中国绘画史、瓷器史和历史地理。著有《春秋左传研究》《中国疆域沿革史略》《中国手工业商业发展史》《先秦七子思想》等。

追随墨子，逐步形成了墨家学派，成为儒家的主要反对派。墨家是一个宣扬仁政的学派。在代表新型地主阶级利益的法家崛起以前，墨家是先秦时期和儒家相对立的最大的一个学派，并列为"显学"。在当时的百家争鸣中，有"非儒即墨"之称。

墨子一生的活动主要在两方面：一是广收弟子，积极宣传自己的学说；二是不遗余力地反对兼并战争。为宣传自己的主张，墨子广收门徒，一般的亲信弟子达到数百人之多，形成了声势浩大的墨家学派。

在《墨子·鲁问》中，墨翟提出了墨家的十大主张。即"兼爱""非攻""尚贤""尚同""尊天""事鬼""非乐""非命""节用""节葬"。他认为，要根据不同国家的不同情况，有针对性地选择十大主张中最适合的方案。如"国家昏乱"，就选用"尚贤""尚同"；国家贫弱，就选用"节用""节葬"等等。

墨子创立的墨家是一个有严密组织纪律的团体，穿短衣草鞋，参加劳动，以吃苦为高尚。墨者多来自社会下层，以"兴天下之利，除天下之害"为教育目的，"孔席不暖，墨突不黔"，尤重艰苦实践，"短褐之衣，藜藿之羹，朝得之，则夕弗得"，"摩顶放踵，利天下，为之"。"以裘褐为衣，以跂蹻①为服，日夜不休，以自苦为极"，生活清苦。墨者可以"赴汤蹈刃，死不旋踵"，意思是说至死也不后转脚跟后退。

墨者中从事谈辩者，称"墨辩"；从事武侠者，称"墨侠"。

---

① 草鞋。

墨者必须服从巨子（墨家领袖）的领导，其纪律严明，相传"墨者之法，杀人者死，伤人者刑"（《吕氏春秋·去私》）。墨家是一个有领袖、有学说、有组织的学派，他们有强烈的社会实践精神。墨者们吃苦耐劳、严于律己，把维护公理与道义看作义不容辞的责任。

在墨子晚年，儒墨齐名。墨子死后，墨家弟子仍"充满天下""不可胜数"，故战国时期虽有诸子百家，但"儒墨显学"则是百家之首。

单元二　墨翟的主要成就

墨子是劳动人民的圣人，具有广泛的群众基础。与先秦诸子普遍轻视底层劳动者不同，墨子始终不脱离生产劳动和科学实验。这使得他不仅在思想领域造诣非凡，而且在科学研究中也领先于世界，令诸子百家和同时代的古希腊自然哲学家望尘莫及。

一、人文思想成就

墨子学说包括兼爱、非攻、尚贤、尚同、天志、明鬼、非命、非乐、节用、节葬等，是当时的"显学"，并成为此后中华民族博爱众生、扶危救困、扶弱制暴、道德重建的重要力量。

在哲学思想上，墨子的建树以认识论和逻辑学最为突出。他以"耳目之实"的直接感觉经验为认识的唯一来源。他认为，判断事物的有与无，不能凭个人的臆想，而要以大家所看到的和所听到的为依据。墨子从这一朴素唯物主义经验论出发，提出了检验认识真伪的标准，即三表："上本之于古者圣王之事""下原察百姓耳目之实""废以为刑政，观其中国家百姓人民之利"。墨子把"事""实""利"综合起来，以间接经验、直接经验和社会效果为准绳，努力排除个人的主观成见。墨子认为，人的知识来源可分为三个方面，即闻知、说知和亲知，这在当时的认识论领域中独树一帜。

除此之外，墨子还是中国古代逻辑思想体系的重要开拓者之一。他比较自觉地、大量地运用了逻辑推论的方法，以建立或论证自己的政治、伦理思想。他还在中国逻辑史上第一次提出了辩、类、故等逻辑概念，并要求将辩作为一种专门知识来学习。此外，墨子还总结出了假言、直言、选言、演绎、归纳等多种推理方法，从而使墨子的辩学形成一个有条不紊、系统分明的体系，在古代世界中别树一帜，与古代希腊的逻辑学、古代印度的因明学并立，称为世界三大逻辑学。

在学术思想上，墨家思想以墨子为代表人物，其核心为：兼爱非攻、尚贤尚同、天志明鬼、非命非乐、节用节葬。

兼爱非攻——所谓兼爱，包含平等与博爱的意思。墨子要求君臣、父子、兄弟都要在平等的基础上相互友爱，"爱人若爱其身"，并认为社会上出现强执弱、富侮贫、贵傲贱的现象，是因天下人不相爱所致。他反对战争，要求和平。他的"非命""兼爱"之论，和儒家"天命""爱有等差"相对立，认为"官无常贵，民无终贱"，要求"饥者得食，寒者得衣，劳者得息"。其中不少具有朴素唯物主义思想。

尚贤尚同——尚同是要求百姓与天子皆上同于天志，上下一心，实行义政。尚贤则包括选举贤者为官吏，选举贤者为天子国君。墨子认为，国君必须选举国中贤者，而百姓理应在公共行政上对国君有所服从。墨子要求上面了解下情，因为只有这样才能赏善罚暴。墨子要求君上能尚贤使能，提出"官无常贵，民无终贱"的主张。

天志明鬼——所谓天志，就是天有意志，天爱民，君主若违天意就要受天之罚，反之，则会得天之赏。明鬼就是相信神鬼的存在。

非命非乐——墨子一方面肯定天有意志，能赏善罚恶，借助外在的人格神服务于他的"兼爱"，另一方面又否定儒家提倡的天命，主张"非命"。认为人的寿夭、贫富和天下的安危、治乱都不是由"命"决定的，只要通过人的积极努力，就可以达到富、贵、安、治的目标。墨子反对儒家所说的"生死有命，富贵在天"，认为这种说法"繁饰有命，以叫众愚朴之人"，墨子看到这种思想对人的创造力的消磨与损伤，所以提出非命。墨子极其反对音乐，甚至有一次出行时，听说车是在向朝歌方向走，立马掉头。他认为音乐虽然动听，但是会影响农民耕种，妇女纺织，大臣处理政务，上不合圣王行事的原则，下不合人民的利益，所以反对音乐。

节用节葬——节用是墨家非常强调的一种观点，他们抨击君主、贵族的奢侈浪费，尤其反对儒家看重的久丧厚葬之俗，认为久丧厚葬无益于社会。认为君主、贵族都应像古代三代圣王一样，过清廉俭朴的生活。墨子要求墨者在这方面也能身体力行。

在政治思想上，"兼以易别"是他的社会政治思想的核心，"非攻"是其具体行动纲领。他认为只要大家"兼相爱，交相利"，社会上就没有强凌弱、贵傲贱、智诈愚和各国之间互相攻伐的现象了。他对统治者发动

战争带来的祸害以及平常礼俗上的奢侈逸乐，都进行了尖锐的揭露和批判。在用人原则上，墨子主张任人唯贤，反对任人唯亲，主张"官无常贵，而民无终贱"。他还主张从天子、诸侯国君到各级正

长，都要"选择天下之贤可者"来充当；而人民与天子国君，则都要服从天志，发扬兼爱，实行义政，否则，就是非法的，这就是"一同天下之义"。

在军事思想上，墨子反对攻伐掠夺的不义之战。墨子认为，当时进行的战争均属掠夺性非正义战争。他坚决无情地揭发战争给人民带来的沉重、无尽的灾难。但是墨子支持防守诛讨的正义之战。墨子深知，光讲道理，大国君主是不会放弃战争的，因而主张"深谋备御"，以积极防御制止以大攻小的侵略战争。这些研究防御作战的论述，集中在《备城门》以下十一篇，形成了一个以城池防守为核心的防御理论体系。

二、自然科学成就

墨子具有很强的科技创新精神和批判精神，他在发明创造的过程中遵循着一定的科学法则。他坚持"义利统一"的价值理念，如"万事莫贵于义"[①]、"义，利也"[②]；他坚持"重利贵用"的科技追求，张岱年[③]教授曾经指出："墨家的自然科学研究从属于墨子的'为天下兴利除害'的最高宗旨。"墨子还采用"道技合一"的研究方法，如"天下从事者不可以无法仪，无法仪而其事能成者无有也。"[④]

墨子提出宇宙论：他认为，宇宙是一个连续的整体，个体或局部都是由这个统一的整体分出来的，都是这个统一整体的组成部分。他认为，时空既是有穷的，又是无穷的。在此基础上，墨子建

[①] 见《墨子·贵义》。
[②] 见《墨子·经上》。
[③] 张岱年（1909—2004），河北献县人。中国现代哲学家、哲学史家。
[④] 见《墨子·法仪》。

立了自己的运动论。他认为，在连续的统一的宇宙中，物体的运动表现为在时间中的先后差异和在空间中的位置迁移。没有时间先后和位置远近的变化，也就无所谓运动，离开时空的单纯运动是不存在的。

墨子对于数学的论述：他是中国历史上第一个从理论高度对待数学问题的科学家，他给出了一系列数学概念的命题和定义，这些命题和定义都具有高度的抽象性和严密性。墨子所给出的数学概念主要有：关于"倍""同长""中""圆""正方形"的定义以及对十进位值制的论述。这对我国古代数学的发展都起到了巨大作用。

墨子在物理学方面的研究：他关于物理学的研究涉及力学、光学、声学等分支，给出了不少物理学概念的定义，并有不少重大的发现，总结出了一些重要的物理学定理。例如：墨子给出了力的定义，"力，刑之所以奋也"[①]；"动"与"止"的定义；关于杠杆定理的表述；还有对杠杆、斜面、重心、滚动摩擦等力学问题进行的研究；墨子还对声音的传播进行过研究，发现井和罂有放大声音的作用，并加以巧妙利用。

墨子在机械制造方面的贡献：墨子精通手工技艺，可与当时的巧匠公输班相比。墨子擅长防守城池，在止楚攻宋时与公输般进行的攻防演练中，已充分地体现了他在这方面的才能和造诣。他曾花费了三年的时间，精心研制出一种能够飞行的木鸟，成为我国古代风筝的创始人。他又是一个制造车辆的能手，可以在不到一日的时间内造出载重三十石的车子。墨子几乎谙熟了当时各种兵器、机械和工程建筑的制造技术，并也有不少创造。

---

① 见《墨子·经上》。

单元二　墨翟相关的名言典故

一、名言汇编

【原文】非无安居也，我无安心也；非无足财也，我无足心也。——《墨子·亲士》

【大意】不是没有安定的住处，而是没有安定之心；不是没有丰足的财产，而是怀着无法满足的心。

【原文】太上无败，其次败而有以成，此之谓用民。——《墨子·亲士》

【大意】最好是不失败，其次则是败了却还有办法成功，这才叫善于用人。

【原文】是故君子自难而易彼，众人自易而难彼。——《墨子·亲士》

【大意】所以君子严于律己、宽以待人，而平庸的人却宽以待己、严于律人。

【原文】是故为其所难者，必得其所欲焉。未闻为其所欲，而免其所恶者也。——《墨子·亲士》

【大意】所以，凡事能从难处做起，就一定能够达到自己的愿望，没听说过想达到自己的愿望，而能回避困难的。

【原文】桀纣不以其无天下之士邪，杀其身而丧天下。故曰："归国宝，不若献贤而进士。"——《墨子·亲士》

【大意】夏桀和商纣就是没有任用天下之贤士而遭到杀身灭国之祸。所以说："赠送国宝，不如举荐贤能的人才。"

【原文】故彼人者，寡不死其所长，故曰：太盛难守也。——《墨子·亲士》

【大意】这些人很少不是死于自己的所长,所以说:事业达到顶峰就难以持久。

【原文】是故江河不恶小谷之满己也,故能大。圣人者,事无辞也,物无违也,故能为天下器。——《墨子·亲士》

【大意】所以江河不嫌弃小溪的水来灌注,就能汇成巨流。被称为圣人的人,不推辞难事,不违背物理,所以能成为天下的大人物。

【原文】是故天地不昭昭,大水不潦潦,大火不燎燎,王德不尧尧者,乃千人之长也。——《墨子·亲士》

【大意】所以,天地不夸耀自己的明亮,大水不夸耀自己的清澈,大火不夸耀自己的炎烈,有德之君不夸耀自己德行的高远,这样才能做众人的领袖。

【原文】君子之道也:贫则见廉,富则见义,生则见爱,死则见哀。——《墨子·修身》

【大意】君子之道应包括如下方面:贫穷时表现出廉洁,富足时表现出恩义,对生者表示出慈爱,对死者表示出哀痛。

【原文】志不强者智不达;言不信者行不果。——《墨子·修身》

【大意】意志不坚强的,智慧一定不高;说话不讲信用的,行动一定不果敢。

【原文】士虽有学,而行为本焉。——《墨子·修身》

【大意】做官虽然讲究才学,但还是以品行为本。

【原文】是故置本不安者,无务丰末。——《墨子·修身》

【大意】所以,根基不牢的人,不要期望有茂盛的枝叶。

【原文】近者不亲,无务来远。——《墨子·修身》

【大意】身边的人都不能亲近,就不要希望招徕远方的人。

【原文】亲戚不附,无务外交。——《墨子·修身》

【大意】亲戚都不归附,也就不要对外交际。

【原文】名不徒生而誉不自长,功成名遂。——《墨子·修身》

【大意】名声不是凭空产生的,赞誉也不会自己增长,只有成就了功业，名声才会到来。

【原文】夫爱人者，人必从而爱之；利人者，人必从而利之；恶人者，人必从而恶之；害人者，人必从而害之。——《墨子·公输》

【大意】爱别人的，别人也必然爱他；利于别人的，别人也必然利于他；憎恶别人的，别人也必然憎恶他；残害别人的，别人也必然残害他。

【原文】兴天下之利，除天下之害。——《墨子·公输》

【大意】兴天下的利益，除天下的祸害。

【原文】君子不镜于水，而镜于人。镜于水，见面之容；镜于人，则知吉与凶。——《墨子·公输》

【大意】君子不用水来当镜子，而是拿别人来当镜子。用水当镜子可以看到的是容貌，而用人当镜子则可以知道对错。

二、逸事典故

【墨子救宋】

公元前440年，楚国磨刀霍霍，准备利用鲁班制造的云梯等攻城器械攻打宋国。墨子听到消息后，一面派弟子禽滑厘等300余人带着守城器械赶赴宋国，帮助宋国做好防御准备，一面置生死于不顾，从鲁国出发长途跋涉到楚国去说服楚王停止侵略战争。

墨子一路上昼夜兼程，风餐露宿。脚磨破了，撕块衣裳裹起来再走，奔波了十天十夜，终于来到楚国都城。他见了楚王后，用打比方的方式喻示楚宋两国富贫差别之大，不可以以强欺弱、以富侮贫。墨子说，现在有一个人，他自己有装饰漂亮的车子，还去偷邻居家的破烂不堪的车子；他自己有锦缎绣衣，还去偷邻居家的破旧衣衫；他自己有精美肉食，还去偷邻居家的粗劣糠菜。这算是什么人呢？楚王说："这个人一定是犯了偷窃的毛病。"墨子接着说，我听说您准备攻打宋国，与这个犯偷窃毛病的人有什么两样呢？如果攻打宋国，您必定失去了"义"而得不到宋。一席话说得楚王犹豫不决。过了一会儿，楚王说，鲁班已为我造好了攻城的器械，我还是想去攻打宋国。于是墨子解下身上的革带当作城池，用一些小板当守城的器械，与鲁班模拟了一场攻守械斗。鲁班用云梯、撞车、飞石等九次展示攻城之机变，墨子九次进行了成功抵抗。鲁班器械用尽，而墨子防守有余。最后，鲁班"战败"。鲁班说："我知道怎样对付你了，可是我不说出来。"墨子说："我知道你怎样对付我，我也不说出来。"楚王莫明其妙地问道："你们这是什么意思？"墨子说："鲁班不过要大王杀掉臣，认为宋国就没法守城了。其实，我的弟子三百多人已经到宋国做好守城的准备了。您即使杀了我，楚国也打不了胜仗。"楚王听后，终于放弃了战争。

【快马寓人】

春秋战国时期，耕柱是一代宗师墨子的得意门生，不过，他老是挨墨子的责骂。有一次，墨子又责备了耕柱，耕柱觉得自己真的非常委屈，因为在许多门生之中，自己是被公认的最优秀的人，但又偏偏常遭到墨子指责，让他感觉很没面子。

耕柱愤愤不平地问墨子："老师，难道在这么多学生当中，我竟是如此的差劲，以至于要时常遭您老人家责骂吗？"

墨子听后反问道："假设我现在要上太行山，依你看，我应该要用良马来拉车，还是用老牛来拖车？"

耕柱回答说："再笨的人也知道要用良马来拉车。"

墨子又问："那么，为什么不用老牛呢？"

耕柱回答说："理由非常简单，因为良马足以担负重任，值得驱遣。"

墨子说："你答得一点也没有错，我之所以时常责骂你，也只因为你能够担负重任，值得我一再地教导与匡正你。"

以后耕柱更加发奋读书，力求上进，再也不用老师整日督促了。

【墨子泣丝】

墨子幼年就受到良好的教育，老师教他六艺：礼、乐、射、御、书、数。墨子对后四项尤其感兴趣，因为这四项能促进人的动手能力。墨子的老师很注重培养墨子这方面的能力，经常带墨子去参观工匠们的作坊。有一次他带墨子去了染布坊，让墨子观察布匹是怎样染成的。墨子对工匠们的劳作很感兴趣，当他看得聚精会神时，他的老师说："这些丝绢本来都是雪白雪白的，把它们放进黑色的染料里面，它们就变成黑色的；把它们放进黄色的染料里面，它们就变成黄色的。"墨子说："丝会跟着染料的颜色而变化，是这样的吗？"老师说："是这样的。做人的道理和染丝一模一样，所不同的是，丝是被人放进染料里的，如何做人则完全是自己的选择。"墨子明白了老师的意思，就更加严格要求自己。当他成了思想家收了门徒后，他也经常用这个例子来教导学生。

教学活动设计

一、课堂教学

通过课堂讲授、情景模拟、环境创设等教学方法，引导学生深入了解科圣墨翟，品读墨家著作《墨子》，了解墨家的"非攻""兼爱"思想，并与学生的现实学习生活结合，指导学生运用先人智慧，解决实际问题。

二、课外拓展

1. 观看《墨子》影视视频，在了解历史的前提下选择阅读《墨子》。

2. 诵读《墨子》中的经典章句，并结合实际学习生活进行实践体验。

项目十
医圣扁鹊

扁鹊（公元前407—前310年），姬姓，秦氏，名缓，字越人，号卢医。扁鹊是战国时期著名医学家，居中国古代五大医药学家①之首。扁鹊是齐国卢邑②人。由于他的医术高超，被认为是神医，所以人们借用上古神话黄帝时神医"扁鹊"的名号来称呼他。《史记》载其事迹涉及数百年。扁鹊精于内、外、妇、儿、五官等科，应用砭刺、针灸、按摩、汤液、热熨等法治疗疾病，被尊为医祖。少时学医于长桑君③，尽传其医术禁方，擅长各科。扁鹊奠定了中医学的切脉诊断方法，开启了中医学的先河。相传有名的中医典籍《难经》为扁鹊所著。

单元一　扁鹊生平

扁鹊生活在战国时期，是正史有记载的第一位医学家。司马迁在《史记·扁鹊仓公列传》中对其生平事迹有详细记载。他少年学医而成，行医诸国，后被秦太医令李醯（xī）刺杀而亡。

一、少年拜师

《史记·扁鹊仓公列传》记载："扁鹊者，勃海郡郑人也，姓秦氏，名越人。少时为人舍长。舍客长桑君过，扁鹊独奇之，常谨遇

---

① 中国古代五大医药学家：扁鹊、张仲景、华佗、孙思邈、李时珍。
② 今山东省济南市长清区。
③ 战国时的神医。传说扁鹊与之交往甚密，事之唯谨，乃以禁方传扁鹊，又出药使扁鹊饮服，忽然不见。于是扁鹊视病尽见五脏症结，遂以精通医术闻名当世。见《史记·扁鹊仓公列传》。

之。长桑君亦知扁鹊非常人也。出入十余年，乃呼扁鹊私坐，间与语曰：'我有禁方，年老，欲传与公，公毋泄。'扁鹊曰：'敬诺。'乃出其怀中药予扁鹊：'饮是以上池之水，三十日当知物矣。'乃悉取其禁方书尽与扁鹊。忽然不见，殆非人也。扁鹊以其言饮药三十日，视见垣一方人。以此视病，尽见五藏症结，特以诊脉为名耳。为医或在齐，或在赵。在赵者名扁鹊。"

《史记》中对扁鹊拜师学医亦真亦幻的记述，流传至今已经成为一个神话故事：扁鹊自小就爱医术，想尽办法学习。听说晋国赵地中丘蓬山有个叫长桑君的神医，就前往蓬山拜师。扁鹊大海捞针似的在蓬山找了整整一年，鞋子磨坏了十几双。一天，

扁鹊在山上找得又冷又累，不知不觉就昏睡过去了，朦胧中感到有人在轻轻呼唤，睁眼一瞧，见一位老者，须发皆白，皮肤却光润如玉没有一丝皱纹，穿着一袭葛袍，腰里别着一把药铲，肩上背着一个药篓，正是传说中的神医长桑君。一年来长桑君暗中观察扁鹊行为，决定收他为徒，但提出了必须完成的条件：第一，查清蓬山这一带共有多少种疑难杂症；第二，采五灵脂。扁鹊历经千辛万苦完成这两桩事后，长桑君把他领到一个万分惊险的洞中去取医书，最后再考验他一次。相传扁鹊进到洞中，得到传说中的上古奇书《黄帝内经》，但书页上竟没有字迹。他揣摩着其中奥秘，发现石台上还刻着一行字"圣水开天眼，医书济世人"。他参悟了其中奥秘，在金水池边上，用池水擦了下眼睛，果然就看见字了。扁鹊在洞中待了七七四十九天，渴了喝口池水，饿了啃几口洞中储藏的珍果，他把医书从头到尾背了个滚瓜烂熟，四十九天一过，那奇书的字就消失了，金色池水也散去了原来金子般的颜色，恢复成透明质地。扁鹊开了天眼，传说他能看见人

的五脏六腑。因为扁鹊的本事是从《黄帝内经》中学来的，人们就以黄帝身边的神医扁鹊之名来称呼他。

二、行医诸国

《史记·扁鹊仓公列传》中有云："扁鹊名闻天下。过邯郸，闻贵妇人，即为带下医；过雒阳，闻周人爱老人，即为耳目痹医；来入咸阳，闻秦人爱小儿，即为小儿医。随俗为变。"

公元前361年前后，扁鹊到了赵国邯郸，当地人民很重视妇女，所以他便做带下医，帮助很多妇女解除病患。因此，他的威望就更高了。后来他又取道汤阴①之伏道社，渡黄河经长清②，于公元前357年到了齐国的都城临淄③。在这里发生了有名的"扁鹊见蔡桓公"的故事。

扁鹊离开临淄后，到了魏国的都城大梁④。在大梁时，他曾见过魏国的国王魏惠王。在公元前355年前后的一段时间里，他和弟子子阳、子豹等人，都逗留在那里行医。公元前350年，他们一行到达秦国

① 今河南汤阴县。
② 今山东长清区。
③ 今山东临淄区。
④ 今河南开封市。

的都城咸阳①。以后又回大梁。大约于公元前317年，他们又取道周都洛阳②，听说当地的人民很敬重老人，因此，曾为"耳目痹医"③。后来他们又向咸阳而去。

公元前310年，扁鹊再度来到咸阳，因咸阳的人民很爱小儿，所以他就做了"小儿医"。扁鹊及其弟子不辞艰辛，行程4 000余里，周游列国，济世救人；他们"随俗为变"，成为医、药、技非常全面的"全科医生"。

后来，秦武王与武士们举行举鼎比赛，伤了腰部，吃了太医李醯的药，不见好转却严重了。有人将神医扁鹊已来到秦国的事告诉了武王，武王传令扁鹊入宫。扁鹊看了武王的神态，按了按他的脉搏，用力在他的腰间推拿了几下，又让武王自己活动几下，武王立刻感觉好了许多。接着又给武王服了一剂汤药，其病状就完全消失。武王大喜，想封扁鹊为太医令。李醯知道后，担心扁鹊日后超过他，派了两个刺客，想刺杀扁鹊，却被扁鹊的弟子发觉，暂时躲过一劫。扁鹊只得离开秦国，李醯派杀手半路上劫杀了扁鹊，一代神医扁鹊就此不幸遇害。

单元二　扁鹊的主要成就

扁鹊是中国医学史上一位继往开来的大医学家，他奠定了我国传统医学诊断的基础，对后世产生深远影响，他对我国传统医学的贡献彪炳史册。

---

① 今陕西咸阳市。
② 今河南洛阳市。
③ 今五官科医生。

一、医学成就

扁鹊具有开创性的医学思想。他在治疗方面，能熟练运用综合治疗的方法，还能根据当地的需要，随俗为变地开展医疗活动。当他游历到秦国①时，就专治小儿疾病；当他云游到邯郸②时，

又主要诊视妇科病症；而当他到雒阳③时，便主要从事老年人病症的治疗。扁鹊的望诊技术出神入化，是"望而知之谓之神"的神医。据记载，扁鹊还精于外科手术，而且应用了药物麻醉来进行手术。

扁鹊在自己的医疗生涯中，不仅表现出高超的诊断和治疗水平，还表现出高尚的医德。他谦虚谨慎，从不居功自傲。如他治好虢太子的尸厥后，虢君十分感激，大家也都称赞他有起死回生之术，扁鹊却实事求是地说："这是患者并没有死，我只不过能使他重病消除，回复他原来的状态而已，并没有起死回生的本领。"

扁鹊还具有超前的预防思想，十分重视疾病的预防。从蔡桓公这个案例来看，他之所以多次劝说及早治疗，就寓有防病于未然的思想。他认为对疾病只要预先采取措施，把疾病消灭在初起阶段，是完全可以治好的。

扁鹊有自己的治疗原则。《史记》载有扁鹊的"六不治"：骄怒不论于理；轻身重财；衣食不能适；阴阳并，脏气不定；形羸不能服药；信巫不信医。对应着六种病人不予医治：依仗权势，骄横跋扈的人；贪图钱财，不顾性命者；暴饮暴食，饮食无

---

① 今陕西咸阳一带。
② 赵国都城。
③ 周国都城，今河南洛阳。

常者；病深不早求医者；身体虚弱不能服药者；相信巫术不相信医道。

在专业学术上，相传扁鹊著《难经》，又名《黄帝八十一难经》，是古代中医学著作之一。《难经》最早见于张仲景言："乃勤求古训，博采众方，撰用《素问》《九卷》《八十一难》《阴阳大论》《胎胪药录》，并平脉辨证，为《伤寒杂病论》，合十六卷。"它以问答解释疑难的形式编撰而成，共讨论了八十一个问题，故又称《八十一难》，《难经》不但在理论方面丰富了祖国医药学的内容，而且在临床方面颇多论述。除针灸之外，还提出了"伤寒有五"的理论，对后世伤寒学说与温病学说的发展产生了一定的影响。《难经》对诊断学、针灸学的论述也一直被医家所遵循，对历代医学家理论思维和医理研究有着广泛而深远的影响。

二、后世影响

扁鹊的医学名著虽已大多失传，但是他的医学思想和神技对以后的医学家和我国中医学的发展所产生的影响是不可估量的。司马迁给予扁鹊以极高的评价，如："特以诊脉为名耳""天下尽以扁

鹊为能生死人""扁鹊名闻天下""至今天下言脉者，由扁鹊也"等。扁鹊奠定了祖国传统医学诊断法的基础。他用一生的时间，认真总结前人和民间经验，结合自己的医疗实践，在诊断、病理、治法上对祖国医学做出了卓越的贡献。扁鹊的医学经验，在我国医学史上占有承前启后的重要地位，对我国医学发展有较大影响。因此，医学界历来把扁鹊尊为我国古代医学的祖师，说他是"中

国的医圣""古代医学的奠基者"。范文澜①在《中国通史简编》中称他是"总结经验的第一人"。

单元三　扁鹊相关的名言典故

一、名言汇编

【原文】病有六不治：骄怒不论于理，一不治也；轻身重财，二不治也；衣食不能适，三不治也；阴阳并，脏气不定，四不治也；形羸不能服药，五不治也；信巫不信医，六不治也。有此一者，则重难治也。——《史记·扁鹊仓公列传》

【大意】有六种患病的情形不能医治：为人傲慢、放纵，不讲道理，是一不治；轻视身体，看重钱财，是二不治；衣着饮食不能调节适当，是三不治；阴阳错乱，五脏功能不正常，是四不治；形体非常羸弱，不能服药的，是五不治；迷信巫术不相信医术的，是六不治。有这样的一种情形，那就很难医治了。

---

① 范文澜（1893—1969），浙江绍兴人，历史学家。

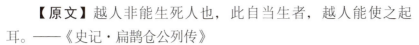

【原文】越人非能生死人也,此自当生者,越人能使之起耳。——《史记·扁鹊仓公列传》

【大意】我(扁鹊)不是能使死人复活啊,这是他应该活下去,我能做的只是促使他恢复健康罢了。

二、逸事典故

【扁鹊换心】

鲁公扈和赵齐婴两人同时生了点小病,但却一直没有治好。于是,经过一番商量之后,两人就请名医扁鹊前来帮他们治疗。扁鹊先替鲁公扈诊断,过了一会儿,扁鹊对鲁公扈说:"你的精力很充沛,但是身体却羸弱不堪,心中有的是计谋,但又不能果断下决定,这些就是你的症结所在。"接着,扁鹊又替赵齐婴诊断,扁鹊对赵齐婴说:"你精神力虽然很弱,但是身体却很强壮,没有计谋但是却很坚韧固执,只要将你们两人的心互换一下,你们俩的病就都能痊愈了。"于是,鲁公扈和赵齐婴就答应了扁鹊的提议,两人决定互换心脏。

扁鹊先让两人喝了特制的汤药,不久之后两人就昏死过去了。趁着两人昏迷的时候,扁鹊剖开他们的胸腔,找到了各自的心脏,再将两颗心脏互换。扁鹊完成心脏互换的手术后,就给他们吃了一些药物,过了一会儿两人就清醒了。换完心脏后,两人的病症也得到了解决,也没有留下任何后遗症。

【起死回生】

一次扁鹊到了虢国,听说虢国太子暴亡不足半日,还没有装殓。于是他赶到宫门告诉中庶子,称自己能够让太子复活。中庶子认为他所说是无稽之谈,人死哪有复生的道理。扁鹊长叹说:"如果不相信我的话,可试着诊视太子,应该能够听到他耳鸣,看见他的鼻子肿了,并且大腿及至阴部还有温热之感。"中庶子闻言赶快入宫禀报,虢君大惊,亲自出来迎接扁鹊。

扁鹊说："太子所得的病，就是所谓的'尸厥'。人接受天地之间的阴阳二气，阳主上主表，阴主下主里，阴阳和合，身体健康；现在太子阴阳二气失调，内外不通，上下不通，导致太子气脉纷乱，面色全无，失去知觉，形静如死，其实并没有死。"

扁鹊命弟子协助用针砭进行急救，刺太子三阳五会诸穴。不久太子果然醒了过来。扁鹊又将方剂加减，使太子坐了起来。又用汤剂调理阴阳，20多天，太子的病就痊愈了。这件事传出后，人们都说扁鹊有起死回生的绝技。

【扁鹊三兄弟】

扁鹊三兄弟从医，魏文王问扁鹊说："你们家兄弟三人，都精于医术，到底哪一位最好呢？"扁鹊答说："长兄最好，中兄次之，我最差。"文王再问："那么为什么你最出名呢？"扁鹊答说："我长兄治病，是治病于病情发作之前。由于一般人不知道他事先能铲除病因，所以他的名气无法传出去，只有我们家的人才知道。我中兄治病，是治病于病情初起之时。一般人以为他只能治轻微的小病，所以他的名气只及于本乡里。而我扁鹊治病，是治病于病情严重之时。一般人都看到我在经脉上穿针管来放血、在皮肤上敷药等大手术，所以以为我的医术高明，名气因此响遍全国。"文王说："你说得好极了。"

【扁鹊见蔡桓公】

扁鹊医术高明，经常出入宫廷为君王治病。有一天，扁鹊巡诊去见蔡桓公。礼毕，他侍立于桓公身旁细心观察其面容，然后说道："我发现君王的皮肤有病。您应及时治疗，以防病情加重。"桓公不以为然地说："我一点病也没有，用不着什么治疗。"扁鹊走后，桓公不高兴地说："医生总爱在没有病的人身上显能，以便把别人健康的身体说成是被医治好的。我不信这一套。"

十天以后，扁鹊第二次去见桓公。他察看了桓公的脸色之后说："您的病到肌肉里面去了。如果不治疗，病情还会加重。"桓公不信这话。扁鹊走了以后，他对"病情正在加重"的说法深感不快。

又过了十天，扁鹊第三次去见桓公。他看了看桓公，说道："您的病已经发展到肠胃里面去了。如果不赶紧医治，病情将会恶化。"桓公仍不相信。他对"病情变坏"的说法更加反感。

照旧又隔了十天，扁鹊第四次去见桓公。两人刚一见面，扁鹊扭头就走。这一下倒把桓公搞糊涂了。他心想："怎么这次扁鹊不说我有病呢？"桓公派人去找扁鹊问原因。扁鹊说："一开始桓公皮肤患病，用汤药清洗、火热灸敷容易治愈；稍后他的病到了肌肉里面，用针刺术可以攻克；后来桓公的病患至肠胃，服草药汤剂还有疗效。可是目前他的病已入骨髓，人间医术就无能为力了。得这种病的人能否保住性命，生杀大权在阎王爷手中。我若再说自己精通医道，手到病除，必将招来祸害。"

五天过后，桓公浑身疼痛难忍。他感到情况不妙，主动要求找扁鹊来治病。派去找扁鹊的人回来后说："扁鹊已逃往秦国去了。"桓公这时后悔莫及，他挣扎着在痛苦中死去。

教学活动设计

一、课堂教学

因为中学语文学过《扁鹊见蔡桓公》，所以在学习扁鹊这篇时，可从扁鹊的逸事典故切入，多引发学生兴趣，运用多种教学方法，如情境模拟、环境创设等，进而帮助学生对扁鹊进行深入了解，瞻仰其高尚医德，学习其防病治病的理念，并领悟扁鹊做人做事的诸多哲理。

二、课外拓展

1. 观看《扁鹊》影视视频，深入了解神医扁鹊。
2. 搜集扁鹊的相关逸事典故，并请学生为大家讲述。

项目十一
智圣诸葛亮

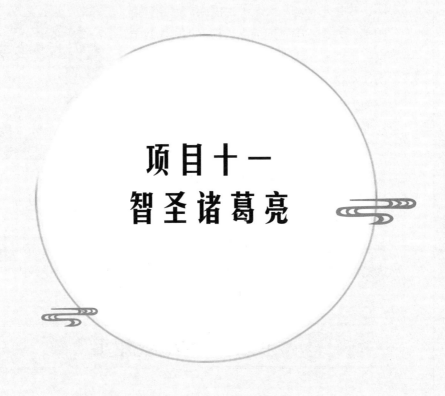

诸葛亮（公元181—234年），字孔明，号卧龙（也作伏龙），汉族，徐州琅琊阳都①人，三国时期蜀汉丞相，杰出的政治家、军事家、散文家、书法家。在世时被封为武乡侯，死后追谥忠武侯，东晋政权特追封他为武兴王。诸葛亮为匡扶蜀汉政权，呕心沥血，鞠躬尽瘁，死而后已，是中国传统文化中忠臣与智者的代表人物。其散文代表作有《出师表》《诫子书》等。曾发明木牛流马、孔明灯等，并改造连弩，叫作诸葛连弩，可一弩十矢俱发。于公元234年在五丈原②去世。诸葛亮在后世受到极大尊崇，成为后世忠臣楷模，智慧化身。成都、宝鸡、汉中、南阳等地均有武侯祠，杜甫作《蜀相》赞诸葛亮。因刘禅追谥其为忠武侯，故后世常以武侯、诸葛武侯尊称诸葛亮。

单元一　诸葛亮生平

诸葛亮出生在一个官吏之家，幼年父母双亡，后投奔叔父诸葛玄，叔父去世后，诸葛亮隐居隆中。公元207年，刘备三顾茅庐，请计于诸葛亮，诸葛亮精辟地分析了天下形势，提出了统一天下应走鼎足三分、联吴抗曹的道路，刘备听后力邀诸葛亮相助。从此，诸葛亮结束了十年的隐居生活，出山辅佐刘备，开始了波澜壮阔的从政生涯。公元208年，曹操率三十万大军南下荆州，诸葛亮以其智勇出使东吴，说服东吴抗击曹操，取得赤壁之战的胜利，为刘备取得立足之地。刘备称帝后，诸葛亮任丞相。公元223年，蜀后主刘禅继位，诸葛亮被封为武乡侯，领益州牧。他励精图治，赏罚严

---

① 今山东临沂市沂南县。
② 今宝鸡岐山境内。

明，推行屯田①政策，并改善西南各族与蜀汉的关系，他曾六次北伐中原，因积劳成疾，病逝于五丈原，葬于定军山②。

一、躬耕陇亩

诸葛亮于汉灵帝光和四年（公元 181 年）出生在琅琊郡阳都县的一个官吏之家，诸葛氏是琅琊的望族，先祖诸葛丰曾在西汉元帝时做过司隶校尉③，诸葛亮的父亲诸葛珪东汉末年做过泰山郡丞。诸葛亮八岁前父母双亡，诸葛亮兄弟三人（兄诸葛瑾、弟诸葛均）及两个姐姐，皆由叔父诸葛玄照料抚养。汉献帝初平四年（公元 193 年），诸葛玄被袁术署任豫章④太守，诸葛玄便携诸葛亮、诸葛均及其两个姐姐赴豫章任所，此时诸葛亮年 14 岁。后朝廷另委派朱皓任豫章太守，诸葛玄携家眷及诸葛亮兄弟姐妹投奔了时任荆州牧的老友刘表。不久，诸葛玄病故，诸葛亮兄弟姐妹移居于南阳郡邓县之隆中山⑤，躬耕谋生，此时，诸葛亮年方 17 岁。

诸葛亮师事司马徽与襄阳名士庞德公，与颍川人石广元、徐庶，汝南人孟公威一起游学。石广元等人"务于精熟"，而诸葛亮则"独观其大略"，善于抓住关键，独立思考。他身高八尺⑥，常把自己比为春秋时齐国名相管仲和战国时燕国名将乐毅⑦。他喜欢吟诵《梁父吟》⑧。诸葛亮少年时期便志向高远，表露自己有文能治国、武能安邦之才及经世济民的愿望。被人誉为"水镜先生"的知名学

---

① 利用戍卒或农民、商人垦殖荒地。汉以后历代政府沿用此措施取得军饷和税粮。有军屯、民屯和商屯之分。

② 今陕西勉县东南。

③ 西汉时监督京师和地方的监察官。

④ 今江西省南昌市。

⑤ 今湖北襄阳市。

⑥ 相当于 1.84 米。

⑦ 战国后期杰出的军事家，辅佐燕昭王振兴，他统帅燕国等五国联军攻打齐国，连下 70 余城，创造了中国古代战争史上以弱胜强的著名战例。

⑧ 乐府诗，叙说齐国名相晏子运用智谋，二桃杀三士的故事。

者司马徽有知人之鉴，赞诸葛亮是"卧龙"，是识时务之"俊杰"。

官渡大战①以后，刘备逃到荆州，投奔刘表。刘表拨给他一些人马，让他驻在新野②。汉献帝建安十二年（公元207年），经司马徽和徐庶推荐，刘备亲自前往拜访诸葛亮，去了三次才见到（史称"三顾茅庐"）。诸葛亮被刘备求贤若渴的诚心所感动，提出了著名的"隆中对策"，规划了"三分天下"的战略目标。即在"曹操拥兵百万，挟天子以令诸侯，此诚不可与争锋，孙权国险而民附，贤能为之用，此可以为援而不可图"的形势下，尽力夺取荆、益二州，待"天下有变"，两路出兵伐魏，以实现"霸业可成，汉室可兴"的战略目标。刘备听了诸葛亮这一番精辟透彻的分析，思路豁然开朗。他觉得诸葛亮人才难得，于是恳切地请诸葛亮出山，帮助他完成兴复汉室的大业，诸葛亮遂出山辅佐刘备。从此，诸葛亮结束了十年的隐居生活，开始了波澜壮阔的从政生涯，时年27岁。

二、辅佐汉主

1. 赤壁之战

建安十三年（公元208年），曹操亲率大军南征。八月，荆州牧刘表病死，九月，刘表最喜爱的小儿子刘琮在继承了荆州牧官职后遣使奉送降表，迎曹操入荆州。曹操占据荆州后，屯于樊城的刘备急忙率军撤退。曹操闻知刘备动向，亲率轻骑五千追赶了一天一夜，最终在当阳长坂③将刘备追上并将其大败。曹操就此占据了荆州的绝大部分领地，并收容荆州军队七八万人。实力大大增强的曹军顺流东下，准备进攻江南，彻底消灭刘备、孙权，一统天下。

---

① 东汉献帝建安五年（200年），曹操军与袁绍军相持于官渡（今河南中牟东北），在此展开战略决战。曹操奇袭袁军在乌巢的粮仓（今河南封丘西），继而击溃袁军主力。此战奠定了曹操统一中国北方的基础。

② 今河南新野县。

③ 今湖北当阳市东北。

生死存亡之际，诸葛亮建议刘备向孙权求救，合孙刘二人之力与曹军一决胜负。但是，当时刘备新败于曹操，犹如泥菩萨过河——自身难保，可孙权所处的江东有着长江天险，进可攻退可守，未必愿意和刘备一起冒此大险。到底采用什么策略才能说服孙权和刘备合作呢？

诸葛亮首先通过孙权的重要谋臣鲁肃来到东吴，面见孙权。见到东吴集团的决策人物孙权后，诸葛亮即以开门见山的沟通方式，直接点明孙权的"心病"："如今天下大乱，曹操已先后攻克袁术、吕布、袁绍等人，现在又乘势南下攻破荆州，声势足以威震四海。我们刘将军在汉水南岸招集兵马，欲与曹操争天下，可惜没有实力和曹操抗衡，只好暂且避难到这里。将军您起兵，据有江东，不知下一步如何打算？"

短短几句话中，诸葛亮巧妙地暗示出，刘备之所以败逃，不是其个人能力不行，而是整体实力太弱，只好以退为进。而袁术、吕布、袁绍等一方之都早已成为曹操争霸的祭品。得胜的曹操在接下来的争天下进程中，无疑会与你们东吴有所冲突，不知你们将会如何应对这不可避免的战争。

诸葛亮接着施展激将法："将军您啊，现在要尽快做出选择：如果你们的实力足以抵抗曹操，那就趁早和曹操决一胜负；如果难以抵抗，那就赶紧放下武器，向曹操俯首称臣。如今将军您表面上服从曹操，内心却犹豫观望，事到临头还不做出决断，灾祸难免啊！"

诸葛亮一语点破孙权的内心犹豫，并讽刺他如果不能抵抗，干脆彻底投降，这无疑刺到了孙权的心痛之处。因此，孙权极为不爽地反讥道："如果局势真像你说的那样明朗，那么你们的主公刘豫州为什么不投降呢？"

这一问，正好落入诸葛亮的圈套之中。诸葛亮慷慨答道："昔日田横，只不过是齐国一个壮士而已，却能坚守大义，宁死不屈，何况刘豫州是当今皇族之后。假使举事失败，那也只是天意，怎么可能就此向曹操低头呢？"

诸葛亮所说的田横是秦朝末年齐国人，楚汉相争时，他自立为齐王，对抗项羽、刘邦。刘邦得到天下后，派人召唤，他不愿称臣，半途自尽。消息传出后，跟随他的五百人也都自杀。诸葛亮以田横来比拟刘备，为的是表明刘备反抗到底的节义，并借此反衬出孙权如果投降，还不如田横，将会遭受他人的指责，同时也必然使其父孙坚、其兄长孙策的美名遭到玷污。诸葛亮用田横反将孙权一军，使得孙权若要保住父兄名声及个人尊严，只能断绝退路，硬着头皮去对抗曹操。于是孙权向诸葛亮表明绝不投降的决心，所谓"吾不能举全吴之地，十万之众，受制于人"。狠话虽然已经撂下，但他依然心存疑虑，如何抵抗曹操大军？自己的实力自己最清楚，虽然有刘备做联合，但刘备被曹操打剩下的那些残弱兵力，还能有多少加分效果？

对于孙权的疑虑，诸葛亮早已准备好应对之词，他指出："我军虽然新败于长坂，但陆续归队的战士，加上关羽的水军，加起来差不多也有一万余人。刘琦集合江夏郡的战士也有一万人。虽有两万人，然而若与曹操大军真正临阵对抗，估计无异于以卵击石。"诸葛亮像是看到孙权在心里轻微叹气，因此在孙权质问之前，他又再次表明兵力数量的多少并不是最关键的，曹操的军众虽多，但未必有优势。

诸葛亮分析曹操大军虽多却不足惧的理由是：

第一，远道而来疲于奔命的曹军，已是强弩之末。曹军为追击刘备军队，不惜日夜兼行奔驰三百多里，这是犯兵法大忌的。《孙子兵法·军争篇》说"五十里而争利，则蹶上将军"，意思是奔驰五十里之远展开袭击，一旦遇到意外，先头部队的将领将受挫，何况远行百千里的曹军？

第二，曹军多来自北方，不习惯水上作战。

第三，荆州民众虽然投降曹操，但只是形势所逼，不是真心降伏。一旦孙刘联合与曹操对抗，荆州民众必然会对孙刘联军有所归附。

最后，诸葛亮给孙权描绘了一幅美好的蓝图：如果孙权能命猛将统兵数万，与刘备齐心协力共同作战，那么曹操军队必然被破。曹操兵败后，必北还，如此则孙、刘之势加强，最后将形成孙、刘、曹三分天下的形势。从投降曹操做个俯首低眉的臣子，到击败曹操、三分天下，两相对比，孙权怎能不心动？于是，他高高兴兴地接纳了诸葛亮的建议，联刘抗曹。

孙权派周瑜、程普、鲁肃等率三万水军与曹操开战。十一月，曹操大军在赤壁遭遇孙刘联军火攻，军中又发生瘟疫，故大败，回师北还。

赤壁之战后，刘备于十二月平定荆南四郡①，任命诸葛亮为军师中郎将，住于临烝，督令零陵、桂阳、长沙三郡，负责调整赋税，充实军资。建安十六年（公元211年），益州牧刘璋派法正、孟达请刘备助攻张鲁。诸葛亮便与关羽、张飞、赵云等镇守荆州。至次年十二月，刘备与刘璋决裂，还攻成都。诸葛亮便与张飞、赵云等入蜀助阵，留关羽负责荆州防务，分兵平定各郡县，与刘备一起围成都。建安十九年（公元214年），刘璋投降，刘备入主益州。诸葛亮受金五百斤，银千斤，钱五千万，锦千匹，并受任为军师将军，署左将军府事。

汉献帝延康元年（公元220年），曹丕篡汉自立。魏黄初二年

---

① 武陵郡（常德地区）、长沙郡（湖南长沙）、桂阳郡（湘南粤北）、零陵郡（湘中到湘西南到桂东北的永州、桂林、邵阳、衡阳、湘潭、娄底等地区）。

（公元221年），群臣听到汉献帝被害的消息，劝已成为汉中王的刘备登基为帝，刘备不答应，诸葛亮用耿纯游说刘秀登基的故事劝刘备，于是刘备才答应，任诸葛亮为丞相、录尚书事，假节[①]。同年张飞被害，诸葛亮领司隶校尉一职。

章武三年（公元223年）二月，刘备病重，召诸葛亮到永安，与李严一起托付后事，刘备对诸葛亮说："你的才能是曹丕的十倍，必定能够安顿国家，终可成就大事。如果嗣子刘禅可以辅助，便辅助他；如果他没有才干，你可以自行取度。"诸葛亮涕泣着说："臣怎敢不竭股肱之力，效忠贞之节，继之以死乎！"刘备又要刘禅视诸葛亮为父。

延至四月，刘备逝世，刘禅继位，封诸葛亮为武乡侯，开设官府办公。不久，再领益州牧，政事上的大小事务，刘禅都依赖于诸葛亮，由诸葛亮决定。建兴三年（公元225年）春天，诸葛亮率军南征，诸葛亮深入不毛之地讨伐雍闿、孟获，诸葛亮采取参军马谡的建议，以攻心为主，先打败雍闿军，再七擒七纵孟获，至秋天平定所有乱事。蜀汉在南中安定并获得大量的资源，并且组建了无当飞军这支劲旅，经过长期积累，有了北伐的基础。

2. 北伐中原

建兴六年（公元228年）春，诸葛亮事先扬声走斜谷道取郿[②]，让赵云、邓芝设疑兵吸引曹真重兵，自己率大军攻祁山[③]。陇右的南安、天水和安定三郡反魏附蜀，关中震响。针对诸葛亮突然出兵防御较为薄弱的陇右，曹魏几乎没有什么军事和思想准备，然而令诸葛亮没有想到的是曹魏政权反应迅速，立即调兵遣将，命大将军曹真都督关右诸军，驻在郿，迎战赵云；命右将军张郃率领步骑兵五万为前锋，前往陇右迎战诸葛亮。魏明帝本人亲往长安坐镇。诸

[①] 汉末与魏晋南北朝时，掌地方军政的官往往加使持节、持节或假节的称号。使持节得诛杀中级以下官吏；持节得杀无官职的人；假节得杀犯军令者。

[②] 古地名，在今陕西省，现作"眉县"。

[③] 今甘肃省西和县西北。

葛亮大军迅速进攻祁山，虽有祁山后面的南安、天水与安定三郡的老百姓一致响应诸葛亮的北伐军，但祁山一时攻克不下。后诸葛亮坐镇西县，重新部署兵力，命魏延攻上邽，以参军马谡率领众军为前锋，扼守街亭①，阻止张郃进入陇右，不让魏军合势。因马谡"违亮节度，举动失宜"，主力不据险守城，反而舍水上山，结果，张郃军一到，切断马谡汲道，蜀军士卒饥渴困顿，军心瓦解。两军刚一接触，蜀军便"众尽星散"，兵将各顾自己，不相统率，张郃大败马谡。街亭丢失后，诸葛亮失去了在陇右以强胜弱的战机，进无所据，故西县人民千余家随军迁徙，退回汉中，佯攻部队赵云、邓芝也撤退到汉中。这样，诸葛亮第一次北伐以街亭失守、箕谷②失利而告结束。

建兴六年（公元228年）冬十二月，诸葛亮决计再次出师北伐，目标直指陈仓③。陈仓守将郝昭，完缮城守，对诸葛亮率大军来攻早已做好准备。据载，此次诸葛亮攻陈仓城使用了一切能使用的战术，先是试图说服郝昭投降，遭到严词拒绝，继而，诸葛亮以武力攻城，双方昼夜攻战20多天，蜀军伤亡惨重。后诸葛亮听说曹魏援军将至，再加之粮尽，就主动退军。

建兴七年（公元229年），诸葛亮第三次北伐。他遣将军陈式攻打魏军没有正规部队驻扎而力量薄弱的武都④、阴平⑤。曹魏的雍州刺史郭淮率军往救，迎击陈式。诸葛亮派陈式进攻武都和阴平的同时，他自己率军进驻建威⑥，对郭淮形成后路包抄之势。郭淮自料不敌，不敢贸然深入，引兵撤退。于是，诸葛亮占领了武都和阴平二郡，这是诸葛亮北伐以来所取得的一次重大胜利。建兴九年（公元231年）二月，诸葛亮第四次北伐。诸葛亮将目标指向祁山试图

---

① 今甘肃秦安县东北。
② 今陕西汉中市北。
③ 今陕西宝鸡市东。
④ 今甘肃陇南市武都区。
⑤ 今甘肃文县西北。
⑥ 今甘肃成县西北。

夺取陇右。魏明帝命大将军司马懿率领大军西屯长安，都督雍梁二州诸军事，统率车骑将军张郃、后将军费曜、征蜀护军戴陵、雍州刺史郭淮西拒诸葛亮。张郃劝司马懿分兵屯驻雍①、郿，以便互相救应。司马懿认为兵分则力弱，很容易为敌人所各个击破，要接受楚汉之争时，项羽楚军一分为三，被黥布所败的教训，以免为诸葛亮所乘。于是，魏军遂悉锐西进。面对魏援军的到来，诸葛亮企图尽快寻歼司马懿，再夺取陇右。诸葛亮留一部分兵力围攻祁山，自率主力到上邽迎战司马懿。郭淮、费曜等迎击诸葛亮，被诸葛亮打得大败。诸葛亮乘势大割其小麦，充实军粮，同司马懿军在上邽以东相遇。司马懿见蜀军兵锋甚锐，所向披靡，乃"敛兵依险"，拒守不战。诸葛亮因求战不得，乃引军退还卤城②，企图调动魏军，在运动中寻求战机。司马懿跟踪蜀军也来到卤城，深沟高垒，只守不战。蜀魏双方相持于卤城，每次蜀兵前来挑战，魏军总是大闭寨门，拒不接战。后来，司马懿因诸将纷纷请战，于这年五月向蜀军发动进攻。诸葛亮指挥魏延、高翔、吴班分头迎击，大破魏军，"获甲首三千级，玄铠五千领，角弩三千一百张"。司马懿回军保营，自此之后，他不肯再与蜀军正面交锋。这年六月，诸葛亮军粮垂尽，加之李严又"运粮不继"，诸葛亮迫于情势，只得旋师。

第四次北伐后，诸葛亮深刻地总结了前几次出师的经验教训，为彻底战胜魏军，诸葛亮开始了更加充分的准备，如休士劝农，倡导军队屯田积粮，教兵讲武，进行军事训练等。建兴十二年（公元234年）春二月，诸葛亮率十万大军又一次北伐，这是他第五次也是最后一次北伐。四月，诸葛亮率大军由斜谷

① 今陕西凤翔县。
② 今甘肃省甘谷县东。

道进击,用木牛、流马运送粮食,到达郿后,屯于渭水之南。司马懿也引军渡渭,背水为垒以拒亮。此次蜀魏之战,因魏主帅司马懿不肯与诸葛亮交战,打乱了诸葛亮的作战计划。就这样,诸葛亮与魏军相持达100多天。由于心力交瘁,加之事务烦剧,诸葛亮于建兴十二年(公元234年)八月,病逝于军中,享年54岁。诸葛亮死后,丞相长史杨仪根据诸葛亮死前的安排,整军撤退,向汉中进发。百姓奔告司马懿,司马懿引军追击,追至赤岸①,不及而还。

诸葛亮的北伐,并没有实现"复兴汉室,还于旧都"的目的,但他以一州之地的人力、物力,与曹魏相比,"其战士,人民盖有九分之一也",以此弱势之国力,对抗强大的曹魏,还能保持国内政治稳定,经济发展,"日用兵而民不知兵,日调赋而国不知赋","行法严而国人悦服,用民尽其力而不怨","耕战有伍,刑法整齐",诚属不易。相比之下,地广兵强的司马懿,在诸葛亮进攻面前,仅能据牢城自保,而弱势的诸葛亮却往来自由,所以从北伐"以攻为守"的角度讲,诸葛亮是胜利的。应该承认,诸葛亮北伐取得如此辉煌成果,实属不易。

单元二 诸葛亮的主要成就

诸葛亮在东汉末年混战的形势下,帮助刘备先后占据今川滇黔几省,建立蜀汉,与曹魏和孙吴形成鼎足三分的政治局面。后来又辅助后主刘禅治理国家,使蜀汉在兵少国弱的形势下得以稳定和巩固下来,支撑了几十年,功绩是可观的。在蜀汉建立和治国的过程中,诸葛亮先后以军师和丞相的身份,执掌着蜀汉的军政大权,充分显示出他杰出的政治、经济和军事才能。

---

① 今陕西褒城镇北。

一、为政举措

1. 治国才能

《三国志》:"诸葛亮之为相国也,抚百姓,示仪轨,约官职,从权制,开诚心,布公道;尽忠益时者虽仇必赏,犯法怠慢者虽亲必罚,服罪输情者虽重必释,游辞巧饰者虽轻必戮;善无微而不赏,恶无纤而不贬;庶事精练,物理其本,循名责实,虚伪不齿;终于邦域之内,咸畏而爱之,刑政虽峻而无怨者,以其用心平而劝戒明也。可谓识治之良才,管、萧之亚匹矣。"

诸葛亮作为蜀汉的丞相,安抚百姓,遵守礼制,约束官员,慎用权利,对人开诚布公、胸怀坦诚;为国尽忠效力的即使是自己的仇人也加以赏赐,玩忽职守犯法的就算是他的亲信也给予处罚,只要诚心认罪伏法就是再重的罪也给予宽大处理,巧言令色逃避责任就是再轻的过错也要从严治理;再小的善良和功劳都给予褒奖,再小过错都予以处罚;他处理事务简练实际,能从根本上解决问题,不计较虚名而重视实际,贪慕虚荣的事他都不做;终于使蜀国上下的人都害怕却敬仰他,使用严刑峻法却没有人有怨言,这是因为他用心端正、坦诚而对人的劝诫又十分明确、正当的缘故。可以说他是治理国家的优秀人才,其才能可以与管仲、萧何相媲美。

2. 经济才能

诸葛亮在汉中休士劝农期间,充分利用了汉中优厚的经济条件,因地制宜地采取了一系列发展生产的得力措施,使北伐军资基本上就地得到了解决。诸葛亮死后,蜀军撤退,魏军还在蜀营中"获其图书、粮谷甚众",这正说明了诸葛亮休士劝农、实行军屯耕战的效果是显著的。当地人民生活好了,就可以招徕更多的人口,使地广人稀的汉中重新得到发展，逐步形成人多、粮多的良性循环，使百姓"安其居，乐其业"。只有富国强兵，才能维护统治阶级的长治久安。

经诸葛亮"踵迹增筑"的"山河堰"等水利工程，至今还是汉中地区灌溉面积最大的水利工程。据李仪祉先生考察而知，"山河堰尚灌褒城田八千余亩，灌南郑县田三万零六百余亩，灌沔县七千余亩，共四万六千余亩。"汉中市的六大名池，至今仍被利用。据考古调查统计，全区至今尚保留有汉以来的古堰70多处，一些堰渠经历代使用维修，一直沿用至今。同时各地在继承和学习古代开发利用水利资源经验的基础上，又不断增修了大批塘、库、陂池等水利设施。仅勉县就增修了能蓄10万立方米的水库37个，塘与陂池达300多个，冬水田至今仍有5万多亩。

上述事实说明，汉中盆地古代农田水利设施至今所产生的实际效用和不断进行的改进利用，与诸葛亮当年在汉中休士劝农时，开拓农田、兴修水利、发展生产的丰功伟绩是分不开的。

3. 军事才能

诸葛亮是三国时期最有远见的军事战略思想家。众所周知，早在未出茅庐之前，诸葛亮就曾在著名的《隆中对》中为刘备分析了天下形势："现在曹操已拥有百万大军，挟持皇帝来号令诸侯，这确实不能与他争强。孙权占据江东，已经历三世了，地势险要，民众归附，又任用了有才能的人，孙权这方面只可以把他作为外援，但是不可谋取他。"[①] 天才地预见到将来会出现几个政权鼎立的局面，并为刘备筹划对策："如果能占据荆、益两州，守住险要的地方，和西边的各个民族和好，又安抚南边的少数民族，对外联合孙权，对内革新政治；一旦天下形势发生了变化，就派一员上将率领荆州的军队直指中原一带，将军您亲自率领益州的军队从秦川出击，老百姓谁敢不用竹篮盛着饭食，用壶装着酒来欢迎将军您呢？如果真能这样做，那么称

---

① 原文："今操已拥有百万之众，挟天子以令诸侯，此诚不可与争锋。孙权据有江东，已历三世，国险而民附，贤能为之用，此可以为援而不可图也。"

霸的事业就可以成功，汉室天下就可以复兴了。"① 这些高瞻远瞩的精辟分析，后来被历史证明是蜀汉政权最佳的战略决策。

　　诸葛亮不仅有明确的长远战略目标，而且具有灵活多变的战争指挥艺术。临危不惧，能冷静地分析敌人的优势和弱点，并从敌人的弱点下手，是诸葛亮的一大特色。例如赤壁之战前，面对曹操数十万大军的强大攻势，诸葛亮能清醒地看到曹军"远来疲弊"，"北方之人，不习水战"，"荆州之民附操者，逼兵势耳，非心服也"等致命弱点，不仅稳住了刘备集团的军心，也鼓舞了孙权与曹操决战的勇气。诸葛亮能够根据不同的战争对象，运用不同的战争手段。对北方曹魏，主要用战争解决问题，以实力为后盾；对江东孙吴，则以联合为主，以战争为辅助手段；对西南诸戎，则采取"攻心为上"，武力继之。这些，我们如果单从军事的角度着眼，都是比较成功的。此外，诸葛亮还非常注意研究和运用阵法，对于军队的行军、作战、屯驻之法都很讲究。他所创立的八阵图是对古代兵家布阵之法的一个创新和发展，在实践中使魏军无懈可击而吃尽了苦头。

　　诸葛亮作为军事家在历代兵家也得到了较高的认可。司马懿在诸葛亮死后，看到诸葛亮的营垒，称赞其为"天下奇才"。唐太宗与李靖在《唐太宗李卫公问对》中多次提到诸葛亮的治军之法与八阵图，给予了极高的评价，陈寿在《三国志》中对诸葛亮的评价是"史官鲜克知兵，不能纪其实迹焉"。唐朝时亦将诸葛亮评选为武庙十哲之一，与张良、韩信、白起等九位历代兵家享同等地位。诸葛亮亦作诸多军事著述，如《南征》《北伐》《北出》等，对中国军事界有一定的贡献。

二、文学、艺术成就

1. 文学著作

　　诸葛亮的著作编成《诸葛亮集》，又名《诸葛氏集》，主要有《隆

---

① 原文："若跨有荆、益，保其岩阻，西和诸戎，南抚夷越，外结好孙权，内修政理；天下有变，则命一上将将荆州之军以向宛、洛，将军身率益州之众出于秦川，百姓孰敢不箪食壶浆以迎将军者乎？诚如是，则霸业可成，汉室可兴矣。"

中对》《出师表》《诫子书》《诫外甥书》《将苑》《便宜十六策》。

《前出师表》是诸葛亮写给后主的一篇表。当时为建兴五年，蜀汉已从刘备殂亡的震荡中恢复过来，外结孙吴，内定南中，政治清明，兵精粮足；诸葛亮认为已有能力北伐中原，匡复汉室。表文表达了作者审慎勤恳、以伐魏兴汉为己任的忠贞之志和诲诫后主不忘先帝遗愿的孜孜之意，情感真挚，文笔酣畅，是古代散文中的杰出作品。

《后出师表》是蜀汉建兴六年（公元228年）十二月诸葛亮二次伐魏前给蜀后主上的表章，为了与建兴六年春第一次北伐前所上表疏区别，后人题曰《后出师表》。第一次北伐失败之后，大臣们对再次北出征伐颇有异议。诸葛亮立论于汉贼不两立和敌强我弱的严峻事实，向后主阐明北伐不仅是为实现先帝的遗愿，也是为了蜀汉的生死存亡，不能因"议者"的不同看法而有所动摇。正因为本表涉及军事态势的分析，事关蜀汉的安危，其忠贞壮烈之气，似又超过前表。表中"鞠躬尽瘁，死而后已"之句，正是作者在当时形势下所表露的坚贞誓言，令人读来肃然起敬。

《诫子书》是诸葛亮临终前写给8岁儿子诸葛瞻的一封家书，成为后世历代学子修身立志的名篇。它可以看作诸葛亮对其一生的总结。诸葛亮也是一位品格高洁、才学渊博的父亲，对儿子的殷殷教诲与无限期望尽在言中。通过这些智慧理性、简练严谨的文字，将普天下为人父者的爱子之情表达得如此深切。

2. 艺术造诣

诸葛亮在绘画、棋艺、书法、音乐方面也有很深的造诣，尤其精通音律，喜欢操琴吟唱，有很高的音乐修养，这方面在古籍中多有记述。陈寿的《三国志·诸葛亮传》记载："玄卒，亮躬耕陇亩，好为《梁父吟》。"习凿齿的《襄阳耆旧记》中："襄阳有孔明故宅……宅西面山临水，孔明常登之，鼓瑟为《梁父吟》，因名此山为乐山。"当然还有卧龙吟，真是千古绝唱，《中兴书目》记载："《琴经》一卷，诸葛亮撰述制琴之始及七弦之音，十三徽取象之意。"谢希夷的《琴论》也记有:"诸葛亮作《梁父吟》。"《舆地志》记载:"定军山武侯庙内有石琴一,拂之,声甚清越,相传武侯所遗。"从以上记载就足以看出:诸葛亮在音乐方面有着很全面的修养和很高的艺术成就。他既长于声乐——会吟唱;又长于器乐——善操琴;同时他还进行乐曲和歌词的创作,而且还会制作乐器——制七弦琴和石琴。不仅如此,他还写有一部音乐理论专著——《琴经》。

单元三　诸葛亮相关的名言典故

一、名篇汇编

《隆中对》

陈寿（魏晋）

亮躬耕陇亩,好为《梁父吟》。身长八尺,每自比于管仲、乐毅,时人莫之许也。惟博陵崔州平、颍川徐庶元直与亮友善,谓为信然。

时先主屯新野。徐庶见先主,先主器之,谓先主曰:"诸葛孔明者,卧龙也,将军岂愿见之乎?"先主曰:"君与俱来。"庶曰:"此人可就见,不可屈致也。将军宜枉驾顾之。"

由是先主遂诣亮,凡三往,乃见。因屏人曰:"汉室倾颓,奸臣窃命,主上蒙尘。孤不度德量力,欲信大义于天下;而智术浅短,遂用猖獗,至于今日。然志犹未已,君谓计将安出?"

亮答曰:"自董卓已来,豪杰并起,跨州连郡者不可胜数。曹操比于袁绍,则名微而众寡,然操遂能克绍,以弱为强者,非惟天时,抑亦人谋也。今操已拥百万之众,挟天子而令诸侯,此诚不可与争锋。孙权据有江东,已历三世,国险而民附,贤能为之用,此可以为援而不可图也。荆州北据汉、沔，利尽南海，东连吴会，西通巴、蜀，此用武之国，而其主不能守，此殆天所以资将军，将军岂有意乎？益州险塞，沃野千里，天府之土，高祖因之以成帝业。刘璋暗弱，张鲁在北，民殷国富而不知存恤，智能之士思得明君。将军既帝室之胄，信义著于四海，总揽英雄，思贤如渴，若跨有荆、益，保其岩阻，西和诸戎，南抚夷越，外结好孙权，内修政理；天下有变，则命一上将将荆州之军以向宛、洛，将军身率益州之众出于秦川，百姓孰敢不箪食壶浆以迎将军者乎？诚如是，则霸业可成，汉室可兴矣。

【译文】诸葛亮亲自在田地中耕种，喜爱吟唱《梁父吟》。他身高八尺，常常把自己和管仲、乐毅相比，当时人们都不承认这件事。只有博陵的崔州平，颍川（河南禹州）的徐庶与诸葛亮关系甚好，说确实是这样。

适逢先帝刘备驻扎在新野。徐庶拜见刘备，刘备很器重他，徐庶对刘备说：“诸葛孔明这个人，是人间卧伏着的龙啊，将军可愿意见他？”刘备说：“您和他一起来吧。”徐庶说：“这个人只能你去他那里拜访，不可以委屈他，召他上门来，将军你应该屈尊亲自去拜访他。”

因此先帝就去隆中拜访诸葛亮，总共去了三次，才见到诸葛亮。于是刘备叫旁边的人退下，说：“汉室的统治崩溃，奸邪的臣子盗用政令，皇上蒙受风尘遭难出奔。我不能衡量自己的德行能否服人，自己的力量能否胜任，只想要为天下人伸张大义；然而我才智与谋略短浅，就因此失败，弄到今天这个局面。但是我的志向到现在还没有罢休，您认为该采取怎样的办法呢？"

诸葛亮回答道："自董卓独掌大权以来，各地豪杰同时起兵，占据州、郡的人数不胜数。曹操与袁绍相比，声望少之又少，然而曹操最终之所以能打败袁绍，凭借弱小的力量战胜强大的原因，不仅依靠的是天时好，而且也是人的谋划得当。现在曹操已拥有百万大军，挟持皇帝来号令诸侯，这确实不能与他争强。孙权占据江东，已经历三世了，地势险要，民众归附，又任用了有才能的人，孙权这方面只可以把他作为外援，但是不可谋取他。荆州北靠汉水、沔水，一直到南海的物资都能得到，东面和吴郡、会稽郡相连，西边和巴郡、蜀郡相通，这是大家都要争夺的地方，但是它的主人却没有能力守住它，这大概是天拿它来资助将军的，将军你可有占领它的意思呢？益州地势险要，有广阔肥沃的土地，自然条件优越，高祖凭借它建立了帝业。刘璋昏庸懦弱，张鲁在北面占据汉中，那里人民殷实富裕，物产丰富，刘璋却不知道爱惜，有才能的人都渴望得到贤明的君主。将军既是皇室的后代，而且声望很高，闻名天下，广泛地罗致英雄，思慕贤才，如饥似渴，如果能占据荆、益两州，守住险要的地方，和西边的各个民族和好，又安抚南边的少数民族，对外联合孙权，对内革新政治；一旦天下形势发生了变化，就派一员上将率领荆州的军队直指中原一带，将军您亲自率领益州的军队从秦川出击，老百姓谁敢不用竹篮盛着饭食，用壶装着酒来欢迎将军您呢？如果真能这样做，那么称霸的事业就可以成功，汉室天下就可以复兴了。"

《前出师表》

诸葛亮

先帝创业未半而中道崩殂，今天下三分，益州疲弊，此诚危急存亡之秋也。然侍卫之臣不懈于内，忠志之士忘身于外者，盖追先帝之殊遇，欲报之于陛下也。诚宜开张圣听，以光先帝遗德，恢弘志士之气，不宜妄自菲薄，引喻失义，以塞忠谏之路也。

宫中府中，俱为一体，陟罚臧否，不宜异同。若有作奸犯科及为忠善者，宜付有司论其刑赏，以昭陛下平明之理，不宜偏私，使内外异法也。

侍中、侍郎郭攸之、费祎、董允等，此皆良实，志虑忠纯，是以先帝简拔以遗陛下。愚以为宫中之事，事无大小，悉以咨之，然后施行，必得裨补阙漏，有所广益。

将军向宠，性行淑均，晓畅军事，试用之于昔日，先帝称之曰能，是以众议举宠为督。愚以为营中之事，悉以咨之，必能使行阵和睦，优劣得所。

亲贤臣，远小人，此先汉所以兴隆也；亲小人，远贤臣，此后汉所以倾颓也。先帝在时，每与臣论此事，未尝不叹息痛恨于桓、灵也。侍中、尚书、长史、参军，此悉贞良死节之臣，愿陛下亲之信之，则汉室之隆，可计日而待也。臣本布衣，躬耕于南阳，苟全性命于乱世，不求闻达于诸侯。先帝不以臣卑鄙，猥自枉屈，三顾臣于草庐之中，咨臣以当世之事，由是感激，遂许先帝以驱驰。后值倾覆，受任于败军之际，奉命于危难之间，尔来二十有一年矣。

先帝知臣谨慎，故临崩寄臣以大事也。受命以来，夙夜忧叹，恐付托不效，以伤先帝之明，故五月渡泸，深入不毛。今南方已定，甲兵已足，当奖率三军，北定中原，庶竭驽钝，攘除奸凶，兴复汉室，还于旧都。此臣所以报先帝而忠陛下之职分也。至于斟酌损益，进尽忠言，则攸之、祎、允之任也。

愿陛下托臣以讨贼兴复之效，不效，则治臣之罪，以告先帝之灵。若无兴德之言，则责攸之、祎、允等之慢，以彰其咎；陛下亦宜自谋，以咨诹善道，察纳雅言，深追先帝遗诏，臣不胜受恩感激。今当远离，临表涕零，不知所言。

【译文】先帝开创的大业未完成一半却中途去世了。现在天下分为三国，益州地区民力匮乏，这确实是国家危急存亡的时期啊。不过宫廷里侍从护卫的官员不懈怠，战场上忠诚有志的将士们奋不顾身，大概是他们追念先帝对他们的特别的知遇之恩，想要报答在陛下您身上。陛下实在应该扩大圣明的听闻，来发扬光大先帝遗留下来的美德，振奋有远大志向的人的志气，不应当随便看轻自己，说不恰当的话，以至于堵塞人们忠心地进行规劝的言路。

皇宫中和朝廷里的大臣，本都是一个整体，奖惩功过、好坏，不应该有所不同。如果有做奸邪事情，犯科条法令和忠心做善事的人，应当交给主管的官，判定他们受罚或者受赏，来显示陛下公正严明的治理，而不应当有偏袒和私心，使宫内和朝廷奖罚方法不同。

侍中、侍郎郭攸之、费祎、董允等人，这些都是善良诚实的人，他们的志向和心思忠诚无二，因此先帝把他们选拔出来辅佐陛下。我认为宫中的事情，无论事情大小，都拿来跟他们商量，这样以后再去实施，一定能够弥补缺点和疏漏之处，可以获得很多的好处。

将军向宠，性格和品行善良公正，精通军事，从前任用时，先帝称赞说他有才干，因此大家评议举荐他做中部督。我认为军队中的事情，都拿来跟他商讨，就一定能使军队团结一心，好的差的各自找到他们的位置。

亲近贤臣，疏远小人，这是西汉之所以兴隆的原因；亲近小人，疏远贤臣，这是东汉之所以衰败的原因。先帝在世的时候，每逢跟我谈论这些事情，没有一次不对桓、灵二帝的做法感到叹息痛心遗憾的。侍中、尚书、长史、参军，这些人都是忠贞诚实、能够以死报国的忠臣，希望陛下亲近他们，信任他们，那么汉朝的兴隆就指日可待了。

我本来是平民，在南阳务农亲耕，在乱世中苟且保全性命，不奢求在诸侯之中出名。先帝不因为我身份卑微，见识短浅，降低身份委屈自己，三次去我的茅庐拜访我，征询我对时局大事的意见，我因此十分感动，就答应为先帝奔走效劳。后来遇到兵败，在兵败的时候接受任务，在危急患难之间奉行使命，那时以来已经有21年了。

先帝知道我做事小心谨慎，所以临终时把国家大事托付给我。接受遗命以来，我早晚忧愁叹息，只怕先帝托付给我的大任不能实现，以致损伤先帝的知人之明，所以我五月渡过泸水，深入人烟稀少的地方。现在南方已经平定，兵员装备已经充足，应当激励、率领全军将士向北方进军，平定中原，希望用尽我平庸的才能，铲除奸邪凶恶的敌人，恢复汉朝的基业，回到旧日的国都。这就是我用来报答先帝，并且尽忠陛下的职责本分。至于处理事务，斟酌情理，有所兴革，毫无保留地进献忠诚的建议，那就是郭攸之、费祎、董允等人的责任了。

希望陛下能够把讨伐曹魏，兴复汉室的任务托付给我，如果没有成功，就惩治我的罪过，用来告慰先帝的在天之灵。如果没有振兴圣德的建议，就责罚郭攸之、费祎、董允等人的怠慢，来揭示他们的过失；陛下也应自行谋划，征求、询问治国的好道理，采纳正确的言论，深切追念先帝临终留下的教诲。我感激不尽。

今天我将要告别陛下远行了，面对这份奏表禁不住热泪纵横，也不知说了些什么。

《后出师表》

诸葛亮

先帝深虑汉、贼不两立，王业不偏安，故托臣以讨贼也。以先帝之明，量臣之才，固知臣伐贼，才弱敌强也。然不伐贼，王业亦亡。惟坐而待亡，孰与伐之？是故托臣而弗疑也。

臣受命之日，寝不安席，食不甘味。思惟北征。宜先入南。故五月渡泸，深入不毛，并日而食；臣非不自惜也，顾王业不可得偏安于蜀都，故冒危难，以奉先帝之遗意也，而议者谓为非计。今贼适疲于西，又务于东，兵法乘劳，此进趋之时也。谨陈其事如左：

高帝明并日月，谋臣渊深，然涉险被创，危然后安。今陛下未及高帝，谋臣不如良、平，而欲以长策取胜，坐定天下，此臣之未解一也。

刘繇、王朗各据州郡，论安言计，动引圣人，群疑满腹，众难塞胸，今岁不战，明年不征，使孙策坐大，遂并江东，此臣之未解二也。

曹操智计，殊绝于人，其用兵也，仿佛孙、吴，然困于南阳，险于乌巢，危于祁连，逼于黎阳，几败北山，殆死潼关，然后伪定一时耳。况臣才弱，而欲以不危而定之，此臣之未解三也。

曹操五攻昌霸不下，四越巢湖不成，任用李服而李服图之，委任夏侯而夏侯败亡，先帝每称操为能，犹有此失，况臣驽下，何能必胜？此臣之未解四也。

自臣到汉中，中间期年耳，然丧赵云、阳群、马玉、阎芝、丁立、白寿、刘郃、邓铜等及曲长、屯将七十余人，突将、无前、賨叟、青羌、散骑、武骑一千余人。此皆数十年之内所纠合四方之精锐，非一州之所有；若复数年，则损三分之二也，当何以图敌？此臣之未解五也。

今民穷兵疲，而事不可息；事不可息，则住与行劳费正等。而不及今图之，欲以一州之地，与贼持久，此臣之未解六也。

夫难平者，事也。昔先帝败军于楚，当此时，曹操拊手，谓天下已定。然后先帝东连吴越，西取巴蜀，举兵北征，夏侯授首，此操之失计，而汉事将成也。然后吴更违盟，关羽毁败，秭归蹉跌，曹丕称帝。凡事如是，难可逆见。臣鞠躬尽瘁，死而后已。至于成败利钝，非臣之明所能逆睹也。

【译文】先帝考虑到蜀汉和曹贼不能并存，帝王之业不能苟且偷安于一地，所以委任臣下去讨伐曹魏。以先帝那样的明察，估量臣下的才能，本来就知道臣下要去征讨敌人，是能力微弱而敌人强大的。但是，不去讨伐敌人，王业也是要败亡的；是坐而待毙，还是主动去征伐敌人呢？因此委任臣下，一点也不犹疑。

臣下接受任命的时候，睡不安稳，食无滋味。想到要去北伐，应该先南征。所以五月里渡过泸水，深入不毛之地，两天才能吃上一餐；臣下不是不爱惜自己呵，而是看到帝王之业不可能局限在蜀地而得以保全，所以冒着危险，来执行先帝的遗愿，可是争议者说这不是上策。而敌人恰好在西面疲于对付边县的叛乱，东面又要竭力去应付孙吴的进攻，兵法要求趁敌方劳困时发动进攻，当前正是赶快进军的时机呵！现在谨将这些事陈述如下：

高祖皇帝的明智，可以和日月相比，他的谋臣见识广博，谋略深远，但还是要经历艰险，身受创伤，遭遇危难然后才得安定。现在，陛下比不上高祖皇帝，谋臣也不如张良、陈平，而想用长期相持的战略来取胜，安安稳稳地平定天下，这是臣所不能理解的第一点。

刘繇、王朗，各自占据州郡；在议论安守策略时，动辄引用古代圣贤的话，大家疑虑满腹，胸中充斥着惧难；今年不去打仗，明年不去征讨，让孙策安然强大起来，终于并吞了江东，这是臣下所不能理解的第二点。

曹操的智能谋略，远远超过别人，他用兵像孙武、吴起那样，但是在南阳受到窘困，在乌巢遇上危险，在祁山遭到厄难，在黎阳被敌困逼，几乎惨败在北山，差一点死在潼关，然后才得僭称国号于一时。何况臣下才能低下，而竟想不冒艰险来平定天下，这是臣下所不能理解的第三点。

曹操五次攻打昌霸而攻不下；四次想跨越巢湖而未成功，任用李服，而李服密谋对付他；委用夏侯渊，而夏侯渊却战败死了。先帝常常称赞曹操有能耐，可还是有这些挫败，何况臣下才能低劣，怎能保证一定得胜呢？这是臣下所不能理解的第四点。

自从臣下进驻汉中，不过一周年而已，期间就丧失了赵云、阳群、马玉、阎芝、丁立、白寿、刘郃、邓铜等将领及部曲将官、屯兵将官70余人；突将、无前、賨叟、青羌、散骑、武骑等士卒1 000余人。这些都是几十年内从各处积集起来的精锐力量，不是一州一郡所能拥有的；如果再过几年，就会损失原有兵力的三分之二，那时拿什么去对付敌人呢？这是臣下所不能理解的第五点。

如今百姓贫穷兵士疲乏，但战争不可能停息；战争不能停息，那么待在那里等待敌人来进攻和出去攻击敌人，其劳力费用正是相等的。不趁此时去出击敌人，却想拿益州一地来和敌人长久相持，这是臣下所不能理解的第六点。

最难于判断的，是战事。当初先帝兵败于楚地，这时候曹操拍手称快，以为天下已经平定了。但是，后来先帝东面与孙吴连和，西面取得了巴蜀之地，出兵北伐，夏侯渊掉了脑袋，这是曹操估计错误，看来复兴汉室的大业快要成功了。但是，后来孙吴又违背盟约，关羽战败被杀，先帝又在秭归遭到挫败，而曹丕就此称帝。所有的事都是这样，很难加以预料。臣下只有竭尽全力，到死方休罢了。至于伐魏兴汉究竟是成功是失败，是顺利还是困难，那是臣下的智力所不能预见的。

《诫子书》

诸葛亮

夫君子之行，静以修身，俭以养德。非澹泊无以明志，非宁静无以致远。夫学须静也，才须学也，非学无以广才，非志无以成学。淫慢则不能励精，险躁则不能冶性。年与时驰，意与日去，遂成枯落，多不接世，悲守穷庐，将复何及！

【译文】君子的行为操守，从宁静来提高自身的修养，以节俭来培养自己的品德。不恬静寡欲无法明确志向，不排除外来干扰无法达到远大目标。学习必须静心专一，而才干来自学习，所以不学习就无法增长才干，没有志向就无法使学习有所成就。放纵懒散就无法振奋精神，急躁冒险就不能陶冶性情。年华随时光而飞驰，意志随岁月而流逝，最终枯败零落，大多不接触世事、不为社会所用，只能悲哀地坐守着那穷困的居舍，其时悔恨又怎么来得及？

二、逸事典故

【三顾茅庐】

"先帝不以臣卑鄙，猥自枉屈，三顾臣于草庐之中。"——《三国志·蜀志·诸葛亮传·出师表》。

刘备听说诸葛亮很有才识，带着礼物到隆中卧龙岗去请他出山辅佐。这天恰巧诸葛亮不在，只能失望而回。不久，刘备又和关羽、张飞冒着大风雪第二次去请，不料诸葛亮又出外闲游去了。过了一些时候，刘备吃了三天素，准备再去请诸葛亮。关羽说诸葛亮也许是徒有虚名，未必有真才实学，不用去了。张飞却主张由他一个人去叫，如他不来，就用绳子把他捆来。刘备把张飞责备了一顿，又和他俩第三次拜访诸葛亮。到时，诸葛亮正在睡觉，刘备不敢惊动他，一直站到诸葛亮自己醒来，才彼此坐下谈话。诸葛亮见到刘备有志替国家做事，而且诚恳地请他帮助，就出来全力帮助刘备建立蜀汉皇朝。

【如鱼得水】

"孤之有孔明，犹鱼之有水也。"——《三国志·蜀书·诸葛亮传》

刘备三顾茅庐，请得诸葛亮出山之后，食则同桌，寝则同榻，终日共论天下大事，把孔明当作老师，关羽、张飞看在眼，很不痛快，便对刘备说："孔明年纪轻轻，有什么才学，大哥你对待他实在是好过头了，又没见到他显示出什么本事！"刘备劝解他们说："我得到孔明，如鱼得水，两位弟弟不用再多说了。""如鱼得水"用以比喻得到跟自己相投合的人或找到适合自己事业发展的环境。

【初出茅庐】

诸葛亮随刘备到新野后不久，曹操就派了夏侯惇领兵十万，到达博望城，逼近新野。刘备叫来关张二人商议迎敌，张飞原本对刘备说的"得了孔明如鱼得水"很不服气，便赌气地说："哥哥何不就派诸葛亮去迎敌。"刘备说："智谋靠孔明，勇武须二弟，怎么可以推诿呢？"刘备叫孔明指挥作战，孔明怕关、张等人不听从号令，便要了刘备的宝剑和印章，显示他正掌握兵权，违令者斩。孔明派兵遣将，在博望坡火攻曹兵，大败夏侯惇。这场漂亮的胜仗使关张开始佩服诸葛亮，从此诚心诚意地听从他的调遣。

【七擒七纵】

"亮率众南征，其秋悉平。"——《三国志·蜀书·诸葛亮传》

"亮笑，纵使更战，七纵七擒，而亮犹遣获。"——裴松之注引《汉晋春秋》

刘备死后，诸葛亮辅佐刘禅登上帝位，蜀国兴盛起来。当时南中地区（现在四川大渡河以南和云南、贵州一带）几个郡却作乱造反，诸葛亮亲自率领大军前去讨伐，战事节节胜利，最后剩下南中首领孟获还继续反抗。诸葛亮了解到孟获不但打仗勇敢，而且在各部族中很有名望，便决定以攻心为主，把孟获争取过来。诸葛亮善用计谋，第一次交锋就把孟获活捉了。他游说孟获归降，但是孟获不服气，诸葛亮也不勉强他，把他放了，让他再来较量。就这样，捉了放，放了捉，一直把孟获捉了七次，放了七次，孟获终于心服口服，不再反叛。诸葛亮命令孟获和各部族首领照旧管理原来的地区，不派出官吏，也不留军队，使汉人和各部族长期相安无事，稳定了蜀国后方，为北伐创造了无后顾之忧的条件。

【诸葛亮三气周瑜】

《三国演义》中的诸葛亮三气周瑜是经典作品中的经典桥段，淋漓尽致地表现了前者的足智多谋和后者的狭窄心胸。

一气周瑜——周瑜和诸葛亮约定，如果周瑜夺取曹仁据守的南郡失败，刘备再去攻取。周瑜第一次夺取时失利受伤，于是便将计就计，打败了曹兵，但是诸葛亮却乘机夺取了南郡等地，既没有违约，又夺取了地盘。真是一举两得！

二气周瑜——刘备的夫人死后，孙权按照周瑜的计策假装把自己的妹妹孙仁许配给刘备,想把刘备骗到东吴再将其杀害。谁知吴国太看中了刘备,不仅不许孙权杀他,还真要把女儿许配给他。周瑜便想让刘备长期与诸葛亮、关羽、张飞等人隔开,并且用声色迷惑刘备,使之丧失争夺天下的雄心,但是又失败了。诸葛亮随后使计让刘备安然回到了荆州,并且让周瑜中了埋伏,还叫士兵高唱"周郎妙计安天下,赔了夫人又折兵"嘲讽周瑜,让周瑜气得吐血。

三气周瑜——刘备向东吴借取荆襄九郡,图谋发展壮大自己,然而东吴怕养虎为患,担心刘备强大后对自己构成威胁,三番五次要求其归还荆州,刘备和诸葛亮就以攻取西川后必还荆州为由拒绝东吴的要求,却又迟迟不攻取,此举令周瑜气急败坏,遂想出了名为过道荆州帮助刘备攻取西川实则攻取荆州之计,不想却被诸葛亮识破,使得吴军被围,周瑜气急又加之旧伤复发,最终留下"既生瑜何生亮"的千古感叹而不治身亡。

【空城计】

三国时期,诸葛亮因错用马谡而失掉战略要地——街亭,魏将司马懿乘势引大军15万向诸葛亮所在的西城蜂拥而来。当时,诸葛亮身边没有大将,只有一班文官,所带领的五千军队,也有一半运粮草去了,只剩2 500名士兵在城里。众人听到司马懿带兵前来的消息都大惊失色。诸葛亮登城楼观望后,对众人说:"大家不要惊慌,我略用计策,便可叫司马懿退兵。"

于是,诸葛亮传令,把所有的旌旗都藏起来,士兵原地不动,如果有私自外出以及大声喧哗的,立即斩首。又叫士兵把四个城门打开,每个城门之上派20名士兵扮成百姓模样,洒水扫街。诸葛亮自己披上鹤氅,戴上高高的纶巾,领着两个小书童,带上一张琴,到城上望敌楼前凭栏

① 孙权的母亲。

坐下，燃起香，然后慢慢弹起琴来。

司马懿的先头部队到达城下，见了这种气势，都不敢轻易入城，便急忙返回报告司马懿。司马懿听后，笑着说："这怎么可能呢？"于是便令三军停下，自己飞马前去观看。离城不远，他果然看见诸葛亮端坐在城楼上，笑容可掬，正在焚香弹琴。左面一个书童，手捧宝剑；右面也有一个书童，手里拿着拂尘。城门里外，20多个百姓模样的人在低头洒扫，旁若无人。

司马懿看后，疑惑不已，便来到中军，令后军充作前军，前军作后军撤退。他的二子司马昭说："莫非是诸葛亮家中无兵，所以故意弄出这个样子来？父亲您为什么要退兵呢？"司马懿说："诸葛亮一生谨慎，不曾冒险。现在城门大开，里面必有埋伏，我军如果进去，正好中了他们的计。还是快快撤退吧！"于是各路兵马都退了回去。

【草船借箭】

周瑜看到诸葛亮挺有才干，心里很妒忌。有一天，周瑜请诸葛亮商议军事，说："我们就要跟曹军交战。水上交战，用什么兵器最好？"诸葛亮说："用弓箭最好。"周瑜说："对，先生跟我想的一样。现在军中缺箭，想请先生负责赶造十万支。这是公事，希望先生不要推却。"诸葛亮说："都督委托，当然照办。不知道这十万支箭什么时候用？"周瑜问："十天造得好吗？"诸葛亮说："既然就要交战，十天造好，必然误了大事。"周瑜问："先生预计几天可以造好？"诸葛亮说："只要三天。"周瑜说："军情紧急，可不能开玩笑。"诸葛亮说："怎么敢跟都督开玩笑。我愿意立下军令状，三天造不好，甘受惩罚。"周瑜很高兴，叫诸葛亮当面立下军令状，又摆了酒席招待他。诸葛亮说："今天来不及了。从明天起，到第三天，请派五百个军士到江边来搬箭。"诸葛亮喝了几杯酒就走了。

鲁肃对周瑜说："十万支箭，三天怎么造得成呢？诸葛亮说的是假话吧？"周瑜说："是他自己说的，我可没逼他。我得吩咐军匠们，叫他们故意迟延，造箭用的材料，不给他准备齐全。到时候造不成，定他的罪，他就没话可说了。你去探听探听，看他怎么打算，回来报告我。"

鲁肃见了诸葛亮。诸葛亮说："三天之内要造十万支箭，得请你帮帮我的忙。"鲁肃说："都是你自己找的，我怎么帮得了你的忙？"诸葛亮说："你借给我20条船，每条船上要30名军士。船用青布幔子遮起来，还要1 000多个草把子，排在船的两边。我自有妙用。第三天保管有十万支箭。不过不能让都督知道。他要是知道了，我的计划就完了。"

鲁肃答应了。他不知道诸葛亮借了船有什么用，回来报告周瑜，果然不提借船的事，只说诸葛亮不用竹子、翎毛、胶漆这些材料。周瑜疑惑起来，说："到了第三天，看他怎么办！"

鲁肃私自拨了20条快船，每条船上配30名军士，照诸葛亮说的，布置好青布幔子和草把子，等诸葛亮调度。第一天，不见诸葛亮有什么动静；第二天，仍然不见诸葛亮有什么动静；直到第三天四更时候，诸葛亮秘密地把鲁肃请到船里。鲁肃问他："你叫我来做什么？"诸葛亮说："请你一起去取箭。"鲁肃问："哪里去取？"诸葛亮说："不用问，去了就知道。"诸葛亮吩咐把20条船用绳索连接起来，朝北岸开去。

这时候大雾漫天，江上连面对面都看不清。天还没亮，船已经靠近曹军的水寨。诸葛亮下令把船尾朝东，一字儿摆开，又叫船上的军士一边擂鼓，一边大声呐喊。鲁肃吃惊地说："如果曹兵出来，怎么办？"诸葛亮笑着说："雾这样大，曹操一定不敢派兵出来。我们只管饮酒取乐，天亮了就回去。"曹操听到鼓声和呐喊声，就下令说："江上雾很大，敌人忽然来攻，我们看不清虚实，不要轻易出动。只叫弓弩手朝他们射箭，不让他们近前。"他派人去旱寨调来6 000名弓弩手，到江边支援水军。10 000多名弓弩手一齐朝江中放箭，好像下雨一样。诸葛亮又下令把船掉过来，船头朝东，船尾朝西，仍旧擂鼓呐喊，逼近曹军水寨去受箭。

天渐渐亮了，雾还没有散。这时候，船两边的草把子上都插满了箭。诸葛亮吩咐军士们齐声高喊："谢谢曹丞相的箭！"接着叫20条船驶回南岸。曹操知道上了当，可是这边的船顺风顺水，已经飞一样地驶出20多里，要追也来不及了。

20条船靠岸的时候，周瑜派来的500个军士正好来到江边搬箭。每条船大约有五六千支箭，20条船总共有十万多支。鲁肃见了周瑜，告诉他借箭的经过。周瑜长叹一声，说："诸葛亮神机妙算，我真比不上他！"

【舌战群儒】

东汉末期，曹操挟天子以令诸侯，较有实力的军阀大都被他消灭了，唯独刘备和孙权还有发展壮大的可能，曹操自知一下子吞并这两股势力还比较难。于是，曹操就派人拿着他的书信去东吴，想和孙权联手消灭刘备。孙权手下的谋士大都主张降曹自保，只有鲁肃主张联刘抗曹。但鲁肃自知难以说服孙权和东吴的文臣，特意请诸葛亮来当说客。鲁肃引诸葛亮见了东吴的一群谋士，这些人并非泛泛之辈，个个都是有学问的人。东吴第一大谋士张昭首先发难，说："听说刘备到你家里三趟，才把你请出山，以为有了你就如同鱼得了水，想夺取荆襄九郡做根据地。但荆襄已被曹操得到，你还有什么主意呢？"诸葛亮心里想，如果不先难倒张昭，就没办法说服孙权联刘抗曹了。诸葛亮说："刘备取荆襄这块地盘，易如反掌，只是不忍心夺取同宗的基业，才被曹操捡了便宜。现在屯兵江夏，另有宏图大计，等闲之辈哪懂得这个。国家大事，社稷安危，都要有真才实学的人拿出好主意。而口舌之徒，坐而论道，碰上事儿，却拿不出一个办法来，只能为天下人耻笑。"一番话，说得张昭哑口无言。

之后，一个谋士问："曹操屯兵百万，将列千员，你说不怕，吹牛吧你。"诸葛亮答："刘备退守夏口，是等待时机，而东吴兵精粮足，还有长江天险可守，却都劝孙权降曹，丢人吧你。"东吴的谋士一个接一个地向诸葛亮发难，先后有七人之多，都被诸葛亮以一人之力，力排众议反驳得有口难辩。

【挥泪斩马谡】

蜀后主建兴六年（公元228年）诸葛亮为实现统一大业，发动了一场北伐曹魏的战争。他命令赵云、邓芝为疑军，占据箕谷，亲自率十万大军，突袭魏军据守的祁山，任命参军马谡为前锋，镇守战略要地街亭。临行前，诸葛亮再三嘱咐马谡："街亭虽小，关系重大。它是通往汉中的咽喉。如果失掉街亭，我军必败。"并具体指示让他"靠山近水安营扎寨，谨慎小心，不得有误"。

马谡到达街亭后，不按诸葛亮的指令依山傍水部署兵力，却骄傲轻敌，自作主张地想将大军部署在远离水源的街亭山上。当时，副将王平提出："街亭一无水源，二无粮道，若魏军围困街亭，切断水源，断绝粮道，蜀军则不战自溃。请主将遵令履法，依山傍水，巧布精兵。"马谡不但不听劝阻，反而自信地说："马谡通晓兵法，世人皆知，连丞相有时都请教于我，而你王平生长戎旅，手不能书，知何兵法？"接着又扬扬自得地说："居高临下，势如破竹，置之死地而后生，这是兵家常识，我将大军布于山上，使之绝无反顾，这正是制胜之秘诀。"王平再次谏阻："如此布兵危险。"马谡见王平不服，便火冒三丈说："丞相委任我为主将，部队指挥我负全责。如若兵败，我甘愿革职斩首，绝不怨怒于你。"王平再次义正词严："我对主将负责，对丞相负责，对后主负责，对蜀国百姓负责。最后恳请你遵循丞相指令，依山傍水布兵。"马谡固执己见，将大军布于山上。

魏明帝曹睿得知了蜀将马谡占领街亭，立即派骁勇善战、曾多次与蜀军交锋的张郃领兵抗击，张郃进军街亭，侦察到马谡舍水上山，心中大喜，立即挥兵切断水源，掐断粮道，将马谡部队围困于山上，然后纵火烧山。蜀军饥渴难忍，军心涣散，不战自乱。结果，张郃命令乘势进攻，蜀军大败。马谡失守街亭，战局骤变，迫使诸葛亮退回汉中。

马谡违反了诸葛亮的调度，在山上扎营，是丢失街亭的主要原因，而街亭的丢失，让蜀汉军队丧失了继续进取陕西的最好时机，作为将领，马谡需要负主要责任。

诸葛亮总结此战失利的教训，痛心地说："用马谡错矣。"为了严肃军纪，诸葛亮下令将马谡革职入狱，斩首示众。临刑前，马谡上书诸葛亮："丞相待我亲如

子，我待丞相敬如父。这次我违背节度，招致兵败，军令难容，丞相将我斩首，以诫后人，我罪有应得，死而无怨，只是恳望丞相以后能照顾好我一家妻儿老小。这样我死后也就放心了。"诸葛亮看罢，百感交集，老泪纵横，要斩掉曾为自己十分器重赏识的将领，心若刀绞；但若违背军法，免他一死，又将失去众人之心，无法实现统一天下的宏愿。于是，他强忍悲痛，让马谡放心去，自己将收其儿为义子。而后，全军将士无不为之震惊。

三、后世纪念

1. 武侯祠

1991年经政府批准，四川省成都市武侯区正式成立，区名取自辖区内的武侯祠①。武侯祠因诸葛亮生前被封为武乡侯而得名，明初与昭烈庙合并，为蜀中著名的历史旅游名胜之一。

南阳武侯祠，又名"诸葛亮庵"，位于河南南阳市卧龙区卧龙岗，始建于魏晋时期，是投魏之蜀国故将黄权在诸葛亮躬耕地卧龙岗上修建而成的，是纪念三国时期著名的思想家、军事家诸葛亮的大型祠堂群。

陕西省汉中市武侯祠，位于勉县②，始建于公元263年，为最早的武侯祠（早成都武侯祠约50年），故而被称为"天下第一武侯祠"。

2. 隆中

隆中风景区位于全国历史文化名城襄阳市襄城区，距襄阳市区

---

① 原为汉昭烈庙，昭烈为刘备死后的谥号。
② 古称沔阳县，沔县。

13公里，总面积209平方公里，已有1 700多年的历史。三国时期杰出的政治家、军事家诸葛亮青年时期在这里隐居长达十年之久。脍炙人口的《隆中对》和刘备"三顾茅庐"的史事都发生在这里。隆中风景区有着丰富的人文景观和优美的自然环境，明代就形成了"隆中十景"，即草庐亭、躬耕田、三顾堂、小虹桥、六角井、武侯祠、半月溪、老龙洞、梁父岩、抱膝石，1949年后又先后修建或新建了隆中书院、诸葛草庐、吟啸山庄、铜鼓台、长廊、观星台、棋盘石、琴台、孔雀寨、猴山等众多景点。老一辈无产阶级革命家董必武生前给隆中题词："诸葛大名垂宇宙，隆中胜迹永清幽"。1994年被列为国家重点风景名胜区，1996年被定为国家重点文物保护单位。

3. 诸葛亮墓

诸葛亮之墓武侯墓属全国重点文物保护单位，在陕西省勉县定军山脚下，每年，勉县的人在清明节的那天都要去拜谒诸葛亮游览定军山。2008年10月，在勉县还举行了三国文化节。

教学活动设计

一、课堂教学

通过讲授、故事演绎等方法，引领学生走近圣贤，欣赏经典，了解圣贤的博大思想，形成正确的价值取向，培养学生生活和职业中的人文情怀和文化品位，帮助学生形成高尚的道德情操，提高综合素质。

二、课外拓展

1. 举办祭奠圣贤经典诵读活动。

2. 观看纪录片《诸葛亮》，进一步了解诸葛亮的经历和博大思想。

3. 举办专家讲座，进一步了解圣贤，形成正确的价值取向，培养健全的人格。

项目十二
书圣王羲之

王羲之，东晋书法家，字逸少，号澹斋，汉族，祖籍琅琊，后迁居会稽①，写下《兰亭集序》，晚年隐居会稽下辖剡县金庭，有书圣之称。历任秘书郎②、宁远将军、江州刺史。后为会稽内史，领右将军，人称"王右军""王会稽"。其子王献之书法亦佳，世人合称为"二王"，此后历代王氏家族书法人才辈出。东晋升平五年卒，葬于金庭瀑布山（又称紫藤山），其五世孙衡舍宅为金庭观，遗址犹存。

单元一　王羲之生平

一、家族背景

琅琊王氏是我国古代顶级门阀士族，晋代四大盛门"王谢袁萧"之首，是中古时期中原最具代表性的名门望族，素有"华夏首望"之誉称。

琅琊王氏开基于两汉时期的琅琊临沂③，鼎盛于魏晋时期，永嘉之乱④后，以王导⑤为首的王氏士族集团辅佐琅玡王司马睿在南京中兴晋朝，史称东晋。至此，王氏成了晋朝权势最大的家族，鼎盛

---

① 今浙江绍兴。

② 官名。三国魏始置，属秘书省，掌管图书经籍，或称"秘书郎中"。南朝士族子弟以为出身之官。

③ 今山东省临沂市。

④ 或称永嘉之祸，是发生在西晋时代的一场动乱。西晋永嘉五年（公元311年），匈奴攻陷洛阳，掳走怀帝。

⑤ 东晋时期著名政治家、书法家，历仕晋元帝、明帝和成帝三朝，是东晋政权的奠基人之一。王羲之的堂伯父。

时，司马睿曾一度"欲与之平分天下"，可见王氏之盛，史称"王与马，共天下"。《二十四史》中记载，从东汉至明清1700多年间，琅琊王氏共培养出了以王吉、王导、王羲之、王元姬等人为代表的35个宰相、36个皇后、36个驸马和186位文人名仕。

  任何伟大艺术的诞生都需要基因和土壤，王羲之也不例外。出生于这样一个世家大族，王羲之自小受到了很好的教育，感受着那种精致文雅情调的浸润濡染。王羲之7岁学书，当时他的老师除了叔父王廙，还有家族中的其他长辈，他的父母也给了他很多指点。年龄稍长，家人又为他请了另一位老师卫夫人。卫夫人名铄，字茂漪，汝阴太守李矩之妻，是当时最著名的书法家之一。可以说，羲之学书，一开始所接触的就是当时水平最高的老师，所见的也是前代最优秀的作品，这种高层次的书法启蒙，为他后来的成就打下了坚实的基础。

二、名扬天下

  王羲之自幼爱习书法，由父王旷、叔父王廙启蒙。7岁善书，12岁从父亲枕中窃读前代《笔论》。王旷善行隶书，王廙擅长书画，王羲之从小就受到王氏世家深厚的书学熏陶。

  王羲之早年又从卫夫人学书。卫铄，师承钟繇[①]，妙传其法。她给王羲之传授钟繇之法、卫氏数世习书之法以及她自己酿育的书风与法门。《唐人书评》曰："卫夫人书如插花舞女，低昂美容。又如美女登台，仙娥弄影，红莲映水，碧沼浮霞。"王羲之善于转益多师，当他从卫夫人的书学藩篱中脱出时，他已置身于新的历史层之上。他曾自述这一历史转折："羲之少学卫夫人书，将谓大能；及渡江北游名山，比见李斯、曹喜等书；又之许下，见钟繇、梁鹄书；又之洛下，见蔡邕《石经》三体书；又于从兄洽处，见张昶《华岳碑》，始知学卫夫人书，徒费年月耳。……遂改本师，仍于众碑学

[①] 字元常，三国时期曹魏著名书法家、政治家。

习焉。"从这段话可以看到王羲之不断开阔视野、广闻博取、探源明理的经历和用心。

王羲之志存高远，富于创造，他学钟繇，自能融化；他学张芝也是自出机杼。王羲之不曾在前人脚下盘泥，依样画葫芦，而是善于运用自己的心手，使古人为我服务，不泥于古，不背乎今。他把平生从博览所得秦汉篆隶的各种不同笔法妙用，悉数融入真行草体中去，遂形成了他那个时代最佳体势，推陈出新，更为后代开辟了新的天地。这是王羲之"兼撮众法，备成一家"，因而受人推崇的缘故。

王羲之代表作《兰亭序》被誉为"天下第一行书"。东晋穆帝永和九年（公元353年），农历三月三日，王羲之和谢安、孙绰等41人在绍兴兰亭修禊①时，众人饮酒赋诗，汇诗成集，羲之即兴挥毫为此诗集作序，这便是有名的《兰亭序》。全序二十八行，共324字。情文并茂，心手合一，气韵生动，被历代学书者奉为学习行书的典范。作者因当时天时地利人和发挥极致，据说后来再写已不能。其中有20多个"之"字，写法各不相同。宋代米芾②称之为"天下第一行书"。

---

① 一种祓除疾病和不祥的活动。
② 北宋著名书画家，字元章。

单元二　王羲之的主要成就

千百年来，王羲之的书体作为中国书法的主流立足于书坛，历代文人、书家无不奉之为圭臬，赞其法书为"龙跳天门，虎卧凤阙，故历代宝之，永以为训"。在中国艺术史乃至世界艺术史上，少有艺术家能够像王羲之那样，在跨越了如此久远的时空之后，仍然具有如此巨大的魅力。

一、书法成就

王羲之的书法成就主要体现在新体上，抛弃分隶的质朴，变成飘逸流媚的新书体，完成了由隶书向楷、行、草的过渡，并将楷行草书的发展推上一个新的水平和境界，开创了楷行草发展的新阶段。

王羲之的楷书代表作是《乐毅论》《黄庭经》《东方朔画赞》等，被称为"楷书书绝致者"。其笔法趋向简洁明快，富于变化，从而为楷书立下了新的笔法规则与结字样式。同时，技法之精熟也导致了情感的投入与意境的追求，最终使得王羲之楷书成为后世典范。

王羲之新体书法对后世影响至大的是行书，代表作有《姨母帖》《兰亭序》《丧乱帖》《孔侍中帖》《快雪时晴帖》等。他的书法授于王廙，得钟氏书法。我们从新书体风尚未形成前的作品《姨母帖》中可以窥见，横画多取平势，用笔起伏顿按幅度不大，中锋缓行，字字独立，隶书遗意一望可知，其中的古朴质拙之气也最接近钟繇。而王羲之在会稽任上写下的《兰亭序》《二谢帖》等作品则全然不同，都具有生动的欹侧之势，结构上势巧形密，"纵变不端正者，爽爽有一种风气"。用笔上一改《姨母帖》中锋为主的笔法，大量运用侧锋，在翻折使转过程中，使中侧锋混融无迹，用笔极为丰富，由此书写速度也相应加快，字与字之间牵丝应运而生，锋有八面，风神俊逸，极大丰富了书法笔法内涵。

王羲之在草书上的建树，并不是旧体的章草，而是体现在今草的新风上，以张芝打底，曾博得庾翼激赏，可见基础之深，后方转向今草。王羲之的草书，多为尺牍，不加修饰，字形随势生发，技法与才情被高度融合在一起，所谓"从心所欲不逾规"，用笔以中锋为干，侧笔取妍，姿媚横生，字势的飞动又转为通篇章法的通活，显示了草书前所未有的面貌。

总而言之，王羲之对后世书法的主要贡献在于：其一，创制新体，将楷书、行书、草书推向完全成熟的阶段，最终完成了书体演变的重任。其二，他极大地丰富了笔法内容，自觉地大量运用侧锋，即中即侧，即侧即中，中锋为干，侧锋取妍，中国书法笔法系统在他手上集大成，故后世赵孟頫叹曰："用笔千古不易"，即从羲之始。其三，王羲之在综合笔法、结字、章法诸方面的优势后，开创了自己的风格体系，将中国书法在静态美的领域外别开一动态美世界，由正至欹，由含蕴至纵逸，似大江大河，容量至大，成为后世文人书法取之不尽的宝藏，仰止为叹的高山。

王羲之书法影响了一代又一代的书苑。唐代的欧阳询、虞世南、褚遂良、薛稷、颜真卿、柳公权，五代的杨凝式，宋代苏轼、黄庭坚、米芾、蔡襄，元代赵孟頫，明代董其昌，这些历代书法名家对王羲之心悦诚服，因而他享有"书圣"美誉。

二、主要作品

王羲之楷书师法钟繇，草书学张芝，亦学李斯、蔡邕等，博采众长。他的书法被誉为"龙跳天门，虎卧凤阙"，给人以静美之感，恰与钟繇书形成对比。他的书法圆转凝重，易翻为曲，用笔内厌，全然突破了隶书的笔意，创立了妍美流便的今体书风。王羲之作品的真迹已难得见，我们所看到的都是摹本。王羲之楷、行、草等体皆能，如楷书《乐毅论》《黄庭经》，草书《十七帖》，行书《姨母帖》《快雪时晴帖》《丧乱帖》等。他所书的行楷《兰亭序》最具有代表性，其真迹后随唐太宗李世民长眠于陵墓中。

《兰亭序》，晋朝人叫《临河序》，后人又称为《修禊序》《禊帖》《兰亭诗序》，计28行，324字。据说，东晋永和九年三月三日，天朗气清，惠风和畅，王羲之与谢安、孙绰等41人在山阴兰亭流觞饮酒，赋诗唱和。王羲之面对良辰美景、高朋挚友，用蚕茧纸、鼠须笔，乘兴写下了这篇"遒媚劲健，绝代亘古"的序文，王羲之回家后又重写了数十遍，皆不如原稿，所以他自己也特别看重，交付子孙传藏，传至王羲之七世孙智永，无嗣，交弟子辩才保存。唐太宗李世民酷爱王羲之书法，千方百计得到《兰亭序》，常常"置之座侧，朝夕观览"。贞观十年（公元636年），让冯承素、虞世南、褚遂良等书家摹拓十本以赐近臣，死后把真迹带进昭陵作为陪葬品。所以，我们至今已经无法看到《兰亭序》的真迹，只能看到下真迹一等的唐摹本。唐摹本中最逼真的是冯承素摹本，因帖前后印有唐中宗李显年号"神龙"各半之印，故又称为"神龙本"。《兰亭序》结体欹侧多姿，错落有致，千变万化，曲尽其态，帖中20个"之"字皆别具姿态，无一雷同。用笔以中锋立骨，侧笔取妍，有时藏蕴含蓄，有时锋芒毕露。尤其是章法，从头至尾，笔意顾盼，朝向偃仰，疏朗通透，形断意连，气韵生动，风神潇洒，所以明末董其昌在《画禅室随笔》中说："右军《兰亭序》章法古今第一，其字皆映带而生，或大或小，随手所出，皆入法则，所以为神品也。"最难能可贵的是，从《兰亭序》那"不激不厉"的风格中，蕴藏着作者圆熟的笔墨技巧、深厚的传统功力、广博的文化素养和高尚的艺术情操。

兰亭序

王羲之

永和九年，岁在癸丑，暮春之初，会于会稽山阴之兰亭，修禊事也。群贤毕至，少长咸集。此地有崇山峻岭，茂林修竹；又有清流激湍，映带左右，引以为流觞曲水，列坐其次。虽无丝竹管弦之盛，一觞一咏，亦足以畅叙幽情。是日也，天朗气清，惠风和畅，仰观宇宙之大，俯察品类之盛，所以游目骋怀，足以极视听之娱，信可乐也。

夫人之相与，俯仰一世，或取诸怀抱，悟言一室之内；或因寄所托，放浪形骸之外。虽趣舍万殊，静躁不同，当其欣于所遇，暂得于己，快然自足，不知老之将至。及其所之既倦，情随事迁，感慨系之矣。向之所欣，俯仰之间，已为陈迹，犹不能不以之兴怀。况修短随化，终期于尽。古人云："死生亦大矣。"岂不痛哉！

每览昔人兴感之由，若合一契，未尝不临文嗟悼，不能喻之于怀。固知一死生为虚诞，齐彭殇为妄作。后之视今，亦犹今之视昔。悲夫！故列叙时人，录其所述，虽世殊事异，所以兴怀，其致一也。后之览者，亦将有感于斯文。

【译文】永和九年，时在癸丑之年，三月上旬，我们会集在会稽山阴的兰亭，为了做禊事。众多贤才都汇聚到这里，年龄大的小的都聚集在这里。兰亭这地方有高峻的山峰，茂盛的树林，高高的竹子。又有清澈湍急的溪流，如同青罗带一般环绕在亭子的四周，引溪水作为流觞的曲水，排列坐在曲水旁边，虽然没有热闹的音乐，喝点酒作点诗，也足够来畅快叙述幽深内藏的感情了。这一天，天气晴朗，空气清新，和风温暖，仰首观览到宇宙的浩大，俯瞰大地上万物的繁多，用来舒展眼力，开阔胸怀，足够来极尽视听的欢娱，实在很快乐。

人与人相互交往，很快便度过一生。有的人在室内畅谈自己的胸怀抱负；有的人就着自己所爱好的事物，寄托情怀，放纵无羁地生活。虽然各有各的爱好，安静与躁动各不相同，但当他们对所接触的事物感到高兴时，一时感到自得，感到高兴和满足，竟然不知道衰老将要到来。等到对得到或喜爱的东西已经厌倦，感情随着事物的变化而变化，感慨随之产生。过去所喜欢的东西，转瞬间，已经成为旧迹，尚且不能不因为它引发心中的感触，况且寿命长短，听凭造化，最后归结于消灭。古人说："死生毕竟是件大事啊。"怎么能不让人悲痛呢？

每当看到前人所发感慨的原因，其缘由像一张符契那样相和，总难免要在读前人文章时叹息哀伤，不能明白于心。本来知道把生死等同的说法是不真实的，把长寿和短命等同起来的说法是妄造的。后人看待今人，也就像今人看待前人，可悲呀。所以一个一个记下当时与会的人，录下他们所作的诗篇。纵使时代变了，事情不同了，但触发人们情怀的原因，他们的思想情趣是一样的。后世的读者，也将对这次集会的诗文有所感慨。

三、后世影响

1. 对王氏子孙的影响

王羲之的书法影响到他的后代子孙。他的儿子献之，擅长草书；凝之，工草隶；徽之，善正草书；操之，善正行书；焕之，善行草书。献之，则称"小圣"。黄伯思的《东观徐论》云："王氏凝、操、徽、焕之四子书，与子敬书俱传，皆得家范，而体各不同。凝之得其韵，操之得其体，徽之得其势，焕之得其貌，献之得其源。"其后子孙绵延，王氏一门书法传递不息。武则天试图寻求王羲之的书籍，王羲之的九世重孙王方庆将家藏十一代祖至曾祖二十八人书迹十卷进呈，编为《万岁通天帖》。南朝齐王僧虔、王慈、王志都是王门之后，有法书录入。

2. 对书法界的影响

王羲之的书法对书法界的影响，从张旭的一句话就可得知："自智永禅师过江，楷法随渡。永禅师乃羲、献之孙，得其家法，以授虞世南，虞传陆柬之，陆传子彦远，彦远仆之堂舅，以授余。"这句话包括了唐代几乎所有的大书家，张旭后来将这种楷法传给了颜真卿，以楷书四大家与宋四家为首的后起之秀之所以能在王羲之后期有如此大的成就，根本原因都是学王羲之的书道，夸张地说，中国自东晋以来的书法只能分为王羲之前期和王羲之后期，他不但将钟繇发明的楷书和张芝的今草发扬起来，其流传的《十七帖》《黄庭经》《兰亭序》，在书法史上的地位永不可超越。不但是中国，日本每年的春节新春开笔时，都会拜王羲之。

王羲之在世界书法史上的地位前无古人后无来者，对于后世行楷草三种书体起到了承前启后的重要作用。他被作为东晋初年有才能、有思想、有政治眼光、有作为的重要历史人物，写进"二十四史"之一的唐朝官修的《晋书》。

中国书史上虽推崇王羲之为"书圣"，但并不把他看作一尊凝固的圣像，而只是看作中华文化中书艺创造的"尽善尽美"的象征。事物永远是发展的、前进的，王羲之在他那一时代到达"尽善尽美"的顶峰，这一"圣像"必将召唤后来者在各自的时代去登攀新的书艺顶峰。

单元三　王羲之相关的名言典故

【东床快婿】

郗鉴与丞相王导情谊深厚，又同朝为官。郗鉴有个女儿，年方二八，尚未婚配。听说王导家子弟甚多，个个都才貌俱佳，郗鉴就把自己择婿的想法告诉了王丞相。郗鉴命心腹管家，带上重礼到了王丞相家。王府子弟听说郗太尉派人觅婿，都仔细打扮一番出来相见，但见靠东墙的床上一个袒腹仰卧的青年人，对太尉觅婿一事，无动于衷。管家回到府中，对郗太尉说："王府的年轻公子二十余人，听说郗府觅婿，都争先恐后，唯有东床上有位公子，袒腹躺着若无其事。"郗鉴说："我要选的就是这样的人，快领我去看。"郗鉴来到王府，见此人既豁达又文雅，才貌双全，当场择为快婿。这个青年原来就是王羲之。

【入木三分】

王羲之出身于魏晋名门琅琊王氏，他七岁就擅长书法。传说晋帝当时要到北郊去祭祀，让王羲之把祝词写在一块木板上，再派工人雕刻。刻字者把木板削了一层又一层，发现王羲之的书法墨迹一直印到木板里面去了。他削进三分深度才见底，木工惊叹王羲之的笔力雄劲，书法技艺炉火纯青，笔锋力度竟能入木三分。

【竹扇题字】

王羲之路过山阴城①的一座桥。有个老婆婆拎了一篮子六角形的竹扇在集上叫卖。那种竹扇很简陋，没有什么装饰，引不起过路人的兴趣，看样子卖不出去了，老婆婆十分着急。王羲之看到这情形，很同情那老婆婆，就上前跟她说："你这竹扇上没画没字，当然卖不出去。我给你题上字，怎么样？"老婆婆不认识王羲之，见他这样热心，也就把竹扇交给他写了。王羲之提起笔来，在每把扇面上龙飞凤舞地写了五个字，就还给老婆婆。老婆婆不识字，觉得他写得很潦草，很不高兴。王羲之安慰她说："别急，你告诉买扇的人，说上面是王右军写的字。"王羲之一离开，老婆婆就照他的话做了，集上的人一看真是王右军的书法，都抢着买，一箩竹扇马上就卖完了。

【书成换鹅】

书圣王羲之很喜欢鹅，他认为养鹅不仅能陶冶情操，还能从观察鹅的动作形态中悟到一些书法理论。有一次，王羲之出外游玩，看到一群很漂亮的白鹅，便想买下，一问之下知道这些鹅是附近一个道士养的，便找到那个道士想与他商量买下那群鹅，那个道士听

---

① 今浙江绍兴。

说大名鼎鼎的王羲之要买,便说只要王右军能为他抄一部《黄庭经》,便将拿些鹅送给他,王羲之欣然答应,这便成就了书成换白鹅的佳话。

【巧补春联】

大书法家王羲之每逢除夕都要亲手写春联贴之于门。因为他的字号称"天下第一行书",很多人都想得其字而又难得,所以每年除夕他的春联一贴出,不到半夜,就被人偷偷揭走。这一年,除夕又至,王羲之照旧写了"福无双至,祸不单行"八个字的春联,留下了下半截。想偷对联的人一看此八个字太不吉利,便扫兴而归。到了寅时,王羲之补了后半截,变成了"福无双至今朝至,祸不单行昨夜行。"第二天一大早,想偷春联的人见春联变了样,皆赞叹不已,拍手叫绝。

教学活动设计

一、课堂教学

通过讲授、故事演绎等方法,引领学生走近圣贤,欣赏经典,了解圣贤的博大思想,形成正确的价值取向,培养学生生活和职业中的人文情怀和文化品位,帮助学生形成高尚的道德情操,提高综合素质。

二、课外拓展

1. 举办祭奠圣贤经典书法比赛活动。

2. 观看纪录片《百家讲坛·书法档案》,进一步了解书圣王羲之的伟大。

3. 通过书画展欣赏王羲之的名篇。

项目十三
农圣贾思勰

贾思勰，北魏农学家，生于北魏齐郡益都县①，出身儒学家族，官至高阳②太守。贾思勰精通农业科学，在复兴由于战乱而荒废的华北农业时，将旱地农业技术体系化，于北魏末年写成《齐民要术》一书。该著作由耕田、谷物、蔬菜、果树、树木、畜产、酿造、调味、调理、外国物产等各章构成，是中国现存的最早的、最完整的大型农业百科全书。

单元一 贾思勰生平

一、家世出身

由于古代史籍缺乏记载，贾思勰的生卒年月、详细身世和经历，颇难于查考。凭《齐民要术》卷首书有"后魏高阳太守贾思勰撰"字样，我们能够明确他所处的时代和所担任的官职。从《齐民要术》序和各卷篇叙述的内容中，可以发现一些线索，据以推测他撰著《齐民要术》的时限和他的家世，以及从事农业科学技术等活动的地域范围、家庭经济状况、治学特点等。

贾思勰出生在一个世代务农的书香门第。他的祖上并不只是那种"日出而作，日落而息"的农民，在劳作的同时，还喜欢读书、学习，特别重视农业生产技术知识的学习和研究。这些都无形之中在贾思勰的脑海里留下深深的烙印。并不很富裕的家中却拥有大量藏书，使贾思勰能够从中摄取各方面的知识，这些都为他日后编撰《齐民要术》打下了坚实的基础。

---

① 今山东省寿光市西南。
② 今山东省淄博市临淄区一带。

二、农学研究

成年后的贾思勰,开始走上仕途。他曾经做过高阳郡太守等官职,并因此到过山东、河南、河北等许多地方。他每到一处,都非常重视农业生产,认真考察和研究当地的农业生产技术,并虚心向一些有着丰富实践经验的老农请教,从而积累了许多农业生产方面的知识。中年以后,他又回到了自己的家乡,开始亲自从事养羊、种庄稼等农业生产劳动和放牧活动。在经营农牧业的过程中,他对农业生产也有了亲身体会。在遇到问题时,他还时常到各地向有经验的农夫请教。

贾思勰也琢磨养鸡的经验。养鸡人喜欢鸡多产蛋,选秋天或冬天孵出的鸡种,不选春夏孵出的鸡种。秋冬孵鸡虽然个小,毛色浅,脚也细短,外表难看,可产蛋多,又会孵小鸡;春夏孵的鸡虽个大,羽毛光泽鲜艳,脚长得粗壮有力,外表健美,却爱到处逛荡,不爱产蛋。要想多收鸡蛋,就不能被鸡外表迷惑,而应从实际效果出发选择鸡种。

贾思勰为获取农业生产经验,便着手试验耕地种庄稼。从养羊的成功中,他得出一条十分可贵的经验,即要向老农虚心求教。于是,他不辞劳苦,跋涉千里,足迹遍布今河南、河北、山西、山东等省。在田间地头、在茅草屋里、在地头窝棚里,他与老农促膝谈心,仔细询问如何施肥,如何犁地,如何选种,不同土质的地块又该如何下种等问题。老农们告诉他:选种是种庄稼不可草率的大事,一般人只知选种要选颗粒饱满的,但未必留心察看种子的颜色纯不纯。同时还应注意将割下的穗子高高挂起,待来年再打下来做种。人们更不知土质不同、气候有别,因而忽视对品种的不同要求。潮湿温暖的低地谷子,应选用茎秆柔弱、生长茂盛的植株作种子;风大霜重的山地谷子,应选茎秆坚实的植株作种子。犁地在七月间,犁地之前,要看地里是否长茅草，长茅草之地，需赶牛羊在草地上踩踏一遍，待七月犁地时，茅草才会死去。贾思勰得到这些宝贵的经验一一写在书中。在实际耕作中，他自己又摸索出不少规律，同时还悉心研究前人关于农民生活及农业生产方面的大量资料，结合自己的实践体会，总结农业生产经验。对于谷物品种，他就列了86种。他吸取前人著述的精华，舍弃了一些实践证明不妥的办法，这些都为《齐民要术》一书增加了科学性。

北魏永熙二年（公元533年）至东魏武定二年（公元554年），他分析、整理、总结，写成农业科学技术巨作《齐民要术》。《齐民要术》既记载了前人生产的知识，也总结了当时的生产经验，还讲述了贾思勰自己的亲身体会，对许多具体事例从理论上做了说明。

单元二　贾思勰的主要成就

贾思勰生活在北魏政权由盛转衰的时代，目睹了北魏后期政治腐败、灾害频降、民不聊生的悲惨境况，也清醒地认识到招致这种状况的原因，他悲叹道："夫财货之生，既艰难矣，用之又无节；凡人之性，好懒惰矣，率之又不笃；加以政令失所，水旱为灾，一谷不登，凿腐相继。古今同患，所不能止也。嗟乎！"面对摇摇欲坠的北魏王朝，贾思勰有着深切的忧虑。为此，他劝统治者以农为本，并从强国富民的根本目的出发，深入探索，对发展农业提出了一些独到的见解，希望使天下人皆知务农重谷之道，而他的这些见解在《齐民要术》的序言及正文中都有全面的阐述。

一、农学思想

1. 农业"三才"理论

"三才"理论是中国传统农学发展的指导思想，也是贾思勰农学思想的核心内容。它在中国古代农业生产力较低下、深受自然因素影响的条件下产生，将农业视为天、地、人三大要素与作物构成的有机系统，从而形成了中国古代特有的朴素的生态农学。

春秋战国时期，诸子百家在论述农业问题时，就已经把天、地、人作为立论的依据。管子认为：只有顺天之时，约地之宜，忠人之和，才能风雨时，五谷实，草木美多，六畜蕃息，国富民强。贾思勰农学"三才"理论在继承前代的基础上，更强调农业生产中人的主观能动性的发挥必须建立在了解和掌握自然规律的基础上，注重人与自然的和谐发展，比较明确地表述了人与自然的关系，并以此为根据构建起《齐民要术》的生态农学思想体系。提出"顺天时，量地利，则用力少而成功多。任情返道，劳而无获"的结论，提醒人们种庄稼时必须遵循因时、因地、因物制宜的原则，这样加上人力的作用，一定能取得事半功倍的效果，否则只能一事无成、白费劳力。所谓顺天时，就是因时制宜，根据季节变化合理安排农业生产，强调据时合理安排生产的重要性。而量地利，则是指因地制宜，合理运用土地。贾思勰举例说："其阜劳之地，不任耕稼者，历落种枣则任矣；其白土薄地，不宜五谷者，唯宜榆及白榆"。这样既能充分利用土地，又可满足民众的多方面要求。

2. 农业经营思想

在农业生产经营管理方面，贾思勰继承并发扬了前人的思想，他的营农思想主要表现在以下两个方面：

（1）精耕细作的集约经营思想。集约经营思想是在中国具体的自然环境和特定历史条件下产生并发展起来的，是中国传统农业的一大特色。中国古代传统农业的集约经营以劳动集约为主要特征，其主要内容是：集中使用劳动力，提高劳动强度，实行精耕细作，充分挖掘土地增产潜力，努力提高单位面积产量。

魏晋南北朝时期，北方战乱，地荒人稀，粗放经营曾一度占据主要地位，但人们经过长时间的比较，进一步认识到粗放经营的效果不如精耕细作的集约经营。贾思勰就非常反对广种薄收的粗放式经营，大力主张在土地利用和农业生产方面实行集约经营。他说：凡人家营田，须量己力，宁可少好，不可多恶。同时，对于如何进行集约经营，他总结出一些具体措施和制度，如在农作物种植及管理过程中，他提出春耕起地，夏为除草，秋耕欲深，春夏欲浅，犁欲廉，劳欲再等内容；在耕作制度上，他提倡采用轮作、间作、套作、混作等复种制度，以挖掘土地潜力，提高土地利用率。而且他也指出，耕作可以改善土壤，提高农业生产量和质量。如对谷子，苗出垄则锄，锄不厌数，锄者，非止除草，乃地熟而实多、糠薄、米息，锄得十遍，便得八米；若大小麦锄，麦倍收，皮薄面多；而瓜果之属，多锄则饶子，不锄则无实。由此不难看出，集约经营思想在贾思勰心中的重要地位。

（2）以粮食为中心的多种经营思想。中国自春秋战国以来逐渐形成了以一家一户为单位的小农经济。这种自给自足经济的主要特点是在农业经营上实行以农为主的小而全的多种经营。这在贾思勰的著作《齐民要术》中也有所体现。贾思勰在《齐民要术》序中开宗明义地指出：食为政首。由此可知，贾思勰非常注重农业生产的发展和繁荣，而且最重视的是发展粮食生产。但贾思勰并不仅仅把农业归结为粮食生产，对农业多种经营的发展同样给予高度的关注。《齐民要术》内容广泛，涉及了包括农、林、牧、副、渔在内的诸多方面便是最有力的证明。同时，贾思勰也多次举例强调农业多种经营的必要性，贾思勰已经意识到，不仅要发展种植业，而且要发展畜牧业、林业等其他方面，走以粮食为中心的多种经营道路才是更佳发展方向。尤其值得注意的是，贾思勰在《齐民要术》中多次提到商品性农业生产和在此基础上的农副产品粜籴活动，这也表明贾思勰农业多种经营思想涵盖面的广泛性，已具有了大农业的色彩。

3. 农业技术思想

贾思勰清楚地看到技术经验对农业生产发展乃至社会历史进步的积极意义，写作《齐民要术》的出发点也是要将谋生的技巧传授给百姓。贾思勰指出，即使像神农、仓颉那样的圣人也不是无所不能的，更认识到像牛耕推广、造纸术的发明及仓储、税赋制度的创新是有利于国家强盛和社会繁荣的。因此，贾思勰认为教给百姓生产知识、提高农业生产技术水平是非常必要的。为此，他列举了一些原本农业落后地区因积极推广技术而改变面貌的先进事例，用史实生动说明农业技术应用、推广对于农业生产发展的重要意义。

二、《齐民要术》

《齐民要术》是贾思勰所著的一部综合性农学著作，也是世界农学史上最早的专著之一，是中国现存的最完整的农书。书名中的"齐民"，指平民百姓，"要术"指谋生方法。这部书对中国古代农学的发展产生过重大影响。

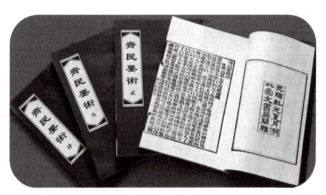

1. 主要内容

《齐民要术》系统地记述了黄河中下游地区，即今山西东南部、河北中南部、河南东北部和山东中北部的农业生产，包括了农、林、牧、渔、副等部门的生产技术知识，堪称我国古代的一部农业百科全书。《齐民要术》分为10卷，共92篇，约11万字，其中正文约7万字，注释约4万字。书前还有"自序"和"杂说"各一篇。"序"中反复强调"食为政首"的重农思想，通过援引圣君贤相、有识之士重视农业的事例，来强调"治国之本，在于安民；安民之本，在于足用"。把农业生产提到治国安民的高度。全书的结构体例相当严密，每篇由篇题、正文和经传文献组成。根据不同的作物，所述详略不一。篇题下有注文，相当于"释名""集解"，包括异名、别名、品种、地方名产、引种来源及性状特征；正文则为实际调查和亲身体验，这是各篇的主体；篇末则援引文献以补充论证正文，包括重农思想、经营管理、生产技术、农业季节、农业地理、农业品储存与加工。

2. 历史意义

该书自出版后，受历朝重视，传遍海外后亦被称为研究古物种变化的经典，达尔文研究进化论时，曾参考一部"中国古代百科全书"，有说此书正是《齐民要术》。其历史意义如下：

第一，它是我国第一部完整保存至今的大型综合性农书。

从《齐民要术》涉及的范围来看，它是我国第一部囊括广义农业的各个方面、囊括农业生产技术的各个环节、囊括古今农业资料的大型综合性农书。

《齐民要术》内容的广泛，是前所未有的。它所记述的生产技术以种植业为主，兼及蚕桑、林业、畜牧、养鱼、农副产品储藏加工等各个方面。凡是人们在生产和生活上所需要的项目，几乎都囊括在内。在种植业方面，则以粮食为主，兼及园艺作物、纤维作物、油料作物、染料作物、饲料作物等。

《齐民要术》保存的完整，也是前所未有的。《汉书·艺文志》著录的《神农》等九种农业专著现已全部失传了，《氾胜之书》和《四民月令》也是残书，其他散见的一些篇章也不完全是原来的面貌。魏晋南北朝以前的农书，只有《齐民要术》基本上完整地保存至今，而且部头这样大，确实是弥足珍贵。

第二，标志着中国传统农学臻于成熟的一个里程碑。

从《齐民要术》达到的水平看，它是秦汉以来我国黄河流域农业科学技术的一个系统总结，是标志着我国传统农学臻于成熟的一个里程碑。《齐民要术》虽然成书于北魏，实际上却是长期以来农业生产实践经验积累的结果。《齐民要术》反映了中国以精耕细作为特征的农业科技全面达到一个新的水平，标志着我国北方旱地农业精耕细作的技术体系已经完全成熟了。

第三，《齐民要术》在国外也早已有影响。

日本宽平年间（公元889—897年），藤原佐世编撰《日本国见在书目》，其中已收录《齐民要术》。在中国久已湮没的北宋崇文院《齐民要术》原刻本，在日本高山寺藏有第五、第八两残卷，虽不完整，却已是稀世之珍。

20世纪50年代，日本出版了西山武一、熊代幸雄校释翻译的日文本《齐民要术》。欧洲学者也翻译出版了英、德文本《齐民要术》。

为什么已经实现工农业现代化的日本、英国和德国，现今仍很重视《齐民要术》的研究？除了深厚的文化渊源和数位知名学者对"贾学"的浓厚兴趣外，《齐民要术》蕴含着的深湛的科学内容是关键所在。熊代幸雄曾把《齐民要术》中旱地耕、耙、播种、锄治等项技术，与西欧、美洲、澳大利亚、苏联伏尔加河下游等地的农业措施，做过具体比较，肯定《齐民要术》旱地农业技术理论和技术措施在今天仍有实际意义。

单元三　贾思勰相关的名言典故

一、名言解读

【原文】力能胜贫，谨能防祸。——《齐民要术·序》

【大意】勤奋努力，就能够战胜贫困；谨慎小心，就能避免灾祸。本句从刘向的《说苑·谈丛》"力胜贫，谨胜祸"和王充的《论衡·命禄》"力胜贫，慎胜祸"演化而来，都说明了事在人为的道理，具有格言意义，今天仍可借鉴。

【原文】顺天时，量地利，则用力少而成功多。任情返道，劳而无获。——《齐民要术·序》

【大意】顺应天时，裁量地理，根据规律办事，那么用力少而成功却多。如果放纵情欲违背大道，就会劳动而没有收获。中国的传统农业生产，其精髓即在于用地与养地相结合，集约经营，努力提高单位面积产量。在魏晋南北朝之际，中国已进入了北方旱作农业传统生产技术的定型期，贾思勰所提倡的小面积集约种植方式，正是这种技术走向定型的一种反映。

【原文】采捃经传，爰及歌谣，询之老成，验之行事。——《齐民要术·自序》

【大意】参考文献，收集谚语民歌，访问老农，通过实践来验证。这表明贾思勰是在充分占有材料和积累了很多经验的基础上完成《齐民要术》的，仅采集经、史、子、集里的农学资料就合计155种，采用农谚30多条。《齐民要术》是贾思勰把理论和实践紧密、有机地结合在一起的产物。

【原文】欲速富，当畜五牸。——《齐民要术·序》

【大意】五牸指牛、马、驴、猪、羊五畜之牸。牸，是雌性的牲畜。这句的大意是：想要很快发家致富，应当畜养五畜，发展畜牧生产。这是春秋时代的经济专家陶朱公向猗顿传授的生财致富之术。越国大夫范蠡辅佐勾践灭吴后，功成身退，改名陶朱公，经商成巨富。鲁国的穷士猗顿向他求教生财之道，陶朱公告诉说："欲速富，当畜五牸。"猗顿按照他教的方法去做，果然发了财。在商品经济发达的今天，发展畜牧业仍不失为致富的重要途径，陶朱公的名言，仍有借鉴意义。

【原文】智如禹汤，不如常耕。——《齐民要术·自序》

【大意】禹，夏朝建立者，曾治洪水，对百姓有功。汤，商朝建立者。光有聪明的头脑还不成，还要靠双手去劳动。

【原文】五谷者万民之命，国之重宝。——《齐民要术·杂说》

【大意】粮食是天下百姓生命之所系，是国家之至宝。民以食为天，粮食是人类生存不可或缺的东西。我国自古就有珍重粮食的优良传统，这句至今仍不失为警世箴言。

【原文】天为之农，而我不农，谷亦不可得而取之。——《齐民要术·序》

【大意】上天给了我好时机耕种，而我不耕种，也就不会收获到粮食。

二、逸事典故

【播种试验】

贾思勰曾任高阳郡太守，为致力于农业研究，他毅然弃官务农。贾思勰回到乡间，便一头扎到了庄稼地里，他根据古书上说的"得时之稼兴，失时之稼约"①的经验，首先选了三块地，做谷子播种日期的试验。妻子认为他这样做是多此一举，指责他："种地不误农时就行，何必浪费这么多心思？"他说："种庄稼学问大着呢！要想提高产量，就得下细功夫。"一天夜里，他正在地里观察谷苗，忽然狂风大作，大雨倾盆，灯笼熄灭了。回家路上，贾思勰失足跌进沟里，把腿扭伤了，直到深夜时分，才一瘸一拐地回到家里。经过对比试验，贾思勰终于找到了能提高谷子产量的最佳播种期。

贾思勰为了寻求提高产量的方法，不断探索。有一年，清明过后，贾思勰买回两个大缸，做水选播种试验，果然保证了种子发芽快、出苗全、生长旺。在实践中，贾思勰发现，一块地，连续两年种同样庄稼，庄稼便又瘦又小，长不好。要是按古书上说的"两岁不起稼，则一岁休之"②去做，就得让耕地闲一年，这多可惜呀！贾思勰经过查访、试验，创造了轮作、间作、套种等耕作方法，有效

---

① 得到天时之利的庄稼就会丰收，不得天时之利的庄稼就会减产。

② 在同一块地里，连续种两年同样的庄稼（就是重茬），如果长得不好，就得让这块地休闲一年。

地利用了地力。其中，他创造的"绿肥轮作制"比欧洲早1 200多年。

【虚心请教】

有一次，贾思勰养的200多头羊因为饲料不足，不到一年就饿死了一大半。事后他想，下次我事先种上20亩大豆，这下准备的饲料应该足够多了。这样，他又养了一群羊。可是过了一段时间，羊又死了许多。到底是什么原因呢？羊少饲料多，羊也会死亡。就在这时，有人告诉贾思勰，在百里之外有一位养羊的能手，也许能帮助他。贾思勰立刻找到这位老羊倌，向他请教。老羊倌在仔细询问了贾思勰养羊的情况后，找到了羊死亡的原因。原来是因为贾思勰随便把饲料扔在羊圈里，羊在上面踩来踩去，拉屎撒尿也都在上面。羊虽然不会说话，可羊是不肯吃这种饲料的，于是就饿死了。贾思勰又在老羊倌家里住了好多天，认真观察了老羊倌的羊圈，学习了老羊倌的一套丰富的养羊经验。贾思勰回去后，按照老羊倌的指点，又养了一群羊，这群羊养得膘肥体壮，产奶也多。从此，贾思勰名声远扬，向他求教的人络绎不绝。

教学活动设计

一、课堂教学

通过讲授、故事演绎等方法，引领学生走近圣贤，欣赏经典，了解圣贤的博大思想，形成正确的价值取向，培养学生生活和职业中的人文情怀和文化品位，帮助学生形成高尚的道德情操，提高综合素质。

二、课外拓展

1. 举办祭奠圣贤经典诵读活动。

2. 观看纪录片《贾思勰》，进一步了解贾思勰的经历和博大思想。

3. 举办专家讲座，进一步了解农圣贾思勰，形成正确的价值取向，培养健全的人格。

项目十四
艺圣鲁班

鲁班（公元前507—前444年），春秋时期鲁国人，姬姓，公输氏，名班，人称公输盘、公输般、班输，尊称公输子，"般"和"班"同音，古时通用，又称鲁盘或者鲁般，惯称"鲁班"。鲁班生活在春秋后期，出身于世代工匠的家庭，是一个手艺高强的工艺巧匠，杰出的创造发明家。

单元一　鲁班生平

鲁班，大约生于周敬王十三年（公元前507年），卒于周贞定王二十五年（公元前444年）以后。他出身于世代工匠的家庭，从小就跟随家里人参加过许多土木建筑工程劳动，逐渐掌握了生产劳动的技能，积累了丰富的实践经验。春秋后期，社会变动使工匠获得某些自由和施展才能的机会。在此情况下，鲁班在机械、土木、手工工艺等方面有所发明。大约在公元前450年以后，他从鲁国来到楚国，帮助楚国制造兵器。他曾创制云梯，准备攻宋国，但被墨子制止。墨子主张制造实用的生产工具，反对为战争制造武器，鲁班接受了这种思想。

鲁班很注意对客观事物的观察研究，他受自然现象的启发，致力于创造发明。一次攀山时，手指被一棵小草划破，他摘下小草仔细察看，发现草叶两边全是排列均匀的小齿，于是就模仿草叶制成伐木的锯。他看到各种小鸟在天空自由自在地飞翔，就用竹木削成飞鹞，借助风力在空中试飞。开始飞的时间较短，经过反复研究，不断改进，能在空中飞行很长时间。《墨子》一书中有这样的记载："公输子削竹木以为鹊，成而飞之，三日不下。"就是说鲁班制作的木鸟，能乘风力飞上高空，三天不降落。

鲁班一生注重实践，善于动脑，在建筑、机械等方面做出了很大贡献。他能建造"宫室台榭"；曾制作出攻城用的"云梯"，舟战用的"勾强"；创制了"机关备制"的木马车；发明了曲尺、墨斗、刨子、凿子等各种木作工具，还发明了磨、碾、锁等。由于成就突出，建筑工匠一直把他尊为"祖师"。

千百年来，人们为了表达对鲁班的热爱和敬仰，把古代劳动人民的集体创造和发明也都集中到他的身上。因此，有关他的发明和创造的故事，实际上是我国古代劳动人民发明创造的故事。鲁班的名字实际上已经成为古代劳动人民勤劳智慧的象征。

单元二　鲁班的主要成就

一、木工工具

《事物绀珠》《物原》《古史考》等不少古籍记载，木工使用的不少工具器械都是鲁班创造的，如曲尺、墨斗、刨子、锯子、钻子等工具。这些木工工具的发明使当时工匠们从原始繁重的劳动中解放出来，劳动效率成倍提高，土木工艺出现了崭新的面貌。后来人们为了纪念这位名师巨匠，把他尊为中国土木工匠的始祖。

1. 曲尺

曲尺最早的名称是"矩"，又名鲁班尺，传说是鲁班发明的。

《墨子·天志》说："轮匠执其规矩，以度天下之方圆。"规矩，即圆规及曲尺。曲尺由尺柄及尺翼组成，相互垂直成直角，尺柄较短为一尺，主要为量度之用；尺翼长短不定，最长为尺柄一倍，主要为量直角、平衡线之用。木工以曲尺量度直角、平面、长短甚至平衡线。

传说，是鲁班做木匠活时，常常遇到直角。虽然他手头有画直角的矩，可用起来挺费事。鲁班经过改进，做成一把"L"形的木尺，量起直角来很方便。后来，人们都把它叫鲁班尺。

2. 墨斗

墨斗是木工用以弹线的工具，传为鲁班发明。此工具以一斗型盒子贮墨，线绳由一端穿过墨穴染色，已染色绳线末端为一个小木钩，称为"班母"，传为鲁班之母亲发明。

3. 锯子

传说锯子是鲁班所发明，相传有一次他进深山砍树木时，一不小心，脚下一滑，手被一种野草的叶子划破了，渗出血来，他摘下叶片轻轻一摸，原来叶子两边长着锋利的齿，他用这些密密的小齿在手背上轻轻一划，居然割开了一道口子。他的手就是被这些小齿划破的，鲁班就从这件事上得到了启发。他想，要是用这样齿状的工具，不是也能很快地锯断树木了吗？于是，他经过多次试验，终于发明了锋利的锯子，大大提高了工效。

二、古代兵器

钩和梯是春秋末期常用的兵器。《墨子·鲁问》记载鲁班将钩改制成舟战用的"钩强"，楚国军队用此器与越国军队进行水战，越船后退就钩住它，越船进攻就推拒它。《墨子·公输》则记载他将梯改制成可以凌空而立的云梯，用以攻城。

1. 云梯

云梯是古代攻城用的器械，传说是鲁班发明。《墨子·公输》记载："公输盘为楚造云梯之械，成，将以攻宋"。鲁班生活的年代，正值诸侯争霸，战争连年不休。那时，每个城市都修有很高很厚的城墙。守城的将士们关上城门，站在城墙上守卫着。而攻城者呢，手中的武器不过是弓箭、长矛之类，很难将城攻下。常

常是把城围了多日，干着急攻不下来。楚国国王命令鲁班制造攻城的器械。鲁班想来想去，想起了自己盖房子时用过的短梯。踏着短梯，能登上房顶，造一个长梯，不就可以爬上高高的城墙了吗？如果在梯子上还能射箭，不就可以打退守城的人了吗？于是，鲁班造出了云梯。能在平地上架起来，够上高高的城墙，上面还可以站人射箭。现代消防器材中的云梯，就是从这个云梯发展演变而来的。

2. 钩强

"钩强"也称"钩拒""钩巨"，是古代水战用的争战工具，可钩住或阻碍敌方战船，传说是鲁班发明的。《墨子·鲁问》记载："昔者楚人与越人舟战于江，楚人顺流而进，迎流而退，见利而进，见不利则其退难；越人迎流而进，顺流而退，见利而进，见不利则其退速。越人因此若势，亟败楚人。公输子自鲁南游楚，焉始为舟战之器，作为钩强之备，退者钩之，进者强之，量其钩强之长，而制为之兵。楚之兵节，越之兵不节，楚人因此若势，亟败越人。"

当时的越国，擅长水战，战船的机动性和灵活性是楚国无法相比的，楚国的战船不是打赢了追不上，就是打输了又跑不掉，在交

战中经常陷于被动的局面。为此，鲁班专门设计出了钩强。其最大的特点是能攻能防，它有一个长长的钩子，如果敌人要逃跑，就钩住对方的战船，让它跑不掉；而如果自己的船失利，又可以抵住敌人的船，使它无法靠近。靠着钩强，楚国军队击败了越国，鲁班为此立下了大功。这种水战兵器在后来的水战中也曾被广泛采用，发挥了重要作用。

三、农业机具

先进农机具的发明和采用是中国古代农业发达的重要条件之一。《世本》说鲁班制作了石磨，《物原·器原》说他制作了砻、磨、碾子，这些粮食加工机械在当时是很先进的。另外，《古史考》记载鲁班制作了铲。

四、《鲁班书》

《鲁班书》是中国古代一本奇异之书，据传为圣人鲁班所作，上册是整人的法术，下册是解法和一些医疗法术。但除了医疗法术外，其他法术都没有写明确的练习方法，而只有咒语和符。据说学了《鲁班书》要"缺一门"，鳏、寡、孤、独、残任选一样，由修行时候开始选择，因此，《鲁班书》获得另一个名字——《缺一门》。

五、鲁班奖

为了纪念鲁班及发扬鲁班工匠精神，1987年由中国建筑业联合会设立"建筑工程鲁班奖"。该奖是行业性荣誉奖，属于民间性质。评审工作由评审委员会每年评选出鲁班奖工程80个。该奖是中国建筑行业工程质量方面的最高荣誉奖，由住建部和中国建筑业协会向荣获鲁班奖的主要参建单位颁发奖牌、获奖证书，并对获奖企业通报表彰。主要承建单位可在获奖工程上镶嵌统一荣誉标志。有关地区、部门和获奖企业可根据该地区、部门和企业的实际情况，对获奖企业和有关人员给予奖励。中国建筑业协会负责组织编辑出版《中国建筑工程鲁班奖（国家优质工程）获奖工程专辑》，将获奖工程和获奖企业载入中国建筑业发展史册。

单元三　鲁班相关的名言典故

【被墨子所屈】

传说鲁班为楚国的水军发明了"钩"和"拒"，当敌军处于劣势时，"钩"能把敌军的船钩住，不让它逃跑；当敌军处于优势时，"拒"能抵挡住敌军的船只，不让它追击。楚军有了钩、拒后，无往不胜，鲁班也无愧为军工专家。一天，鲁班向墨子夸耀说："我有舟战的钩和拒，你的义也

有钩和拒吗？"墨子是主张和平、反对战争，鼓励人们相敬、相爱，仁义至上的。他于是回答："我是用爱来钩，用恭来拒。你用钩钩人，人家也会钩你；你用拒拒人，人家会用拒拒你。你说'义'的钩拒，难道不比'舟'的钩拒强吗？"鲁班无言以对。

鲁班又拿出他的发明：一只木鹊，它可以连飞三天而不落地。墨子却说："这木鹊还不如一个普通工匠顷刻间削出来的一个车辖，车辖一装在车轴上，车子就可以负重五十石东西；而你的鹊有何实际作用呢？木匠做的东西，有利于人的称为巧，无利于人的只能叫作拙。"鲁班听完，深知墨子的哲理。

鲁班曾做云梯助楚国攻宋，墨子前来阻拦出兵，在楚王宫中以革带为城，以竹片为器，与鲁班相斗，鲁班的攻城器械都用尽了，墨子的守城办法还有余，最终鲁班心服口服，而楚王也放弃攻宋。

【有眼不识泰山】

俗话"有眼不识泰山"中的泰山不是山东的那个泰山，这里有一段小故事。

木匠的祖师爷是鲁班，他的手艺巧夺天工，非常高明。传说他曾用木头做成飞鸟，在天上飞三天三夜都不下来。可就是这样一位高人，也有看走眼的时候。鲁班招了很多徒弟，为了维护班门的声誉，他定期会考查淘汰一些人，其中有个叫泰山的，看上去笨笨的，来了一段时间，手艺也没有什么长进，于是鲁班将他扫地出门。几年以后，鲁班在街上闲逛，忽然发现许多做工精良的家具，做得惟妙惟肖，很受人们欢迎。鲁班想这人是谁啊，这么厉害。有人在一旁告诉他："就是你的徒弟泰山啊。"鲁班不由感慨地说："我真是有眼不识泰山啊！"

【班门弄斧】

成语"班门弄斧"也是与鲁班有关的一个成语。它的意思是：在鲁班门前舞弄斧子。比喻在行家面前卖弄本领，不自量力。这句成语有时也用作自谦之词，表示自己不敢在行家面前卖弄自己的小本领。

教学活动设计

一、课堂教学

通过课堂讲授、科学实验、观看视频等多种方式，力求让学生在课堂上领略古代圣人的工匠精神，同时进一步弘扬和践行新时代的工匠精神。

二、课外拓展

1. 请学生认识并使用常见的木工工具。
2. 开展课外讨论小组，探讨新时代的工匠精神，并举例说明。
3. 说一说同学们身边的具有工匠精神的默默无闻的人。

参考文献

[1] 杨朝明.《孔子家语》综合研究[M].济南:齐鲁书社,2017.

[2] 杨朝明.孔子家语通解[M].济南:齐鲁书社,2009.

[3] 杨朝明,宋立林.孔子弟子评传[M].北京:中国社会出版社,2012.

[4] 汪林.孔子的传说[M].兰州:甘肃少年儿童出版社,1990.

[5] 杨朝明.论语诠解[M].济南:山东友谊出版社,2012.

[6] 王少农.孔子思想[M].北京:中国长安出版社,2010.

[7] 王凡.思想家的成长历程[M].长春:吉林大学出版社,2011.

[8] 夏传才.孟子讲座[M].北京:清华大学出版社,2008.

[9] 杨国荣.孟子的哲学思想[M].上海:华东师范大学出版社,2009.

[10] 济宁市政协文史资料委员会,嘉祥县政协文史资料委员会.曾子家世[M].济南:齐鲁书社,1997.

[11] 骆承烈,沈孝敏.曾子与《孝经》[M].北京:中国社会出版社,2011.

[12] 济宁市政协文史资料委员会,曲阜市政协文史资料委员会.颜子家世[M].济南:齐鲁书社,1998.

[13] 骆承烈.颜子研究[M].北京:人民日报出版社,1994.

[14] 刘志轩,刘如心.荀子传[M].石家庄:花山文艺出版社,1996.

[15] 安家正.合并儒法:荀子的故事[M].北京:华文出版社,1997.

[16] 吴如嵩,于汝波.孙子兵法解说[M].北京:金盾出版社,1994.

[17] 韩静霆.孙子大传[M].北京:民族出版社,2004.

[18] 周富美.墨子快读:救世的苦行者[M].海口:海南出版社,2005.

[19] 秦彦士.墨子与墨家学派[M].济南:山东文艺出版社,2004.

[20] 刘德成,刘克强.贾思勰志[M].济南:山东人民出版社,2009.

[21] 张熙惟.贾思勰与《齐民要术》[M].济南:山东文艺出版社,2004.

[22] 林枫.王羲之书法精华[M].北京:北京出版社,2006.

[23]刘长春.王羲之传[M].北京:中国友谊出版公司,2010.

[24]周殿富.文韬武略诸葛亮[M].长春:时代文艺出版社,2010.

[25]赵毅.诸葛亮大传[M].哈尔滨:黑龙江人民出版社,2005.

[26]信周.扁鹊的禁方[M].北京:中国华侨出版社,2010.

[27]林汉达.东周列国故事:管仲拜相[M].上海:文汇出版社,2007.

[28]刘蔚华.管仲与《管子》[M].济南:山东文艺出版社,2004.